文化产业集聚对绿色经济效率的影响研究

——基于长江经济带的实证分析

陈晓玲 ◎ 著

中国纺织出版社有限公司

内　容　提　要

导致全球当前的环境问题最根本的原因就是不合理的经济发展模式，而绿色经济研究是转变经济发展方式的重要途径。绿色经济发展的核心在于提高绿色经济效率，也就是转变经济发展方式，实现经济高质量发展。本文在阐述文化产业集聚及绿色经济效率一般理论的基础上，对文化产业集聚与绿色经济效率的影响机制进行分析，采用区位熵和EG指数对长江经济带文化产业集聚度进行了测度，并采用超效率DEA模型对绿色经济效率进行度量，同时对长江经济带文化产业集聚对绿色经济效率的非线性效应与空间溢出效应分别进行实证检验，最后提出了文化产业集聚提升区域绿色经济效率的路径及政策建议。

图书在版编目（CIP）数据

文化产业集聚对绿色经济效率的影响研究：基于长江经济带的实证分析 / 陈晓玲著. -- 北京：中国纺织出版社有限公司，2023. 11

ISBN 978-7-5229-1088-8

Ⅰ. ①文… Ⅱ. ①陈… Ⅲ. ①长江经济带－文化产业－产业集群－影响－绿色经济－经济效率－研究 Ⅳ. ①F124.5

中国国家版本馆CIP数据核字（2023）第183023号

责任编辑：段子君　曹炳镝　哈新迪　责任校对：高　涵
责任印制：储志伟

中国纺织出版社有限公司出版发行
地址：北京市朝阳区百子湾东里A407号楼　邮政编码：100124
销售电话：010—67004422　传真：010—87155801
http://www.c-textilep.com
中国纺织出版社天猫旗舰店
官方微博 http://weibo.com/2119887771
天津千鹤文化传播有限公司印刷　各地新华书店经销
2023年11月第1版第1次印刷
开本：710×1000　1/16　印张：11.75
字数：142千字　定价：99.00元

引言

当前全球的环境问题主要由不合理的经济发展模式引起，而绿色经济是转变经济发展方式的重要途径。绿色经济发展的核心在于提高绿色经济效率，也就是转变经济发展方式，实现经济高质量发展。在资源环境约束背景下寻找提高绿色经济效率的空间，深入分析绿色经济效率的影响因素，已成为当前绿色经济发展研究的重要课题。研究发现，影响绿色经济效率的因素涵盖政治、经济、社会、文化各个方面，但归根到底取决于产业的转型升级。近年来，我国产业结构由工业主导向二、三产业共同带动转变，文化产业作为第三产业的领军者在我国经济发展特别是绿色经济发展中的地位尤其突出，针对文化产业在空间上的集聚是否能够提升区域绿色经济效率的研究，不仅具有重要的理论意义，而且具有重要的实践应用价值。本文以长江经济带为样本，把文化产业纳入新的评价系统，实证分析中国长江经济带文化产业集聚对区域绿色经济效率的影响效应，同时寻求文化产业集聚提升区域绿色经济效率的有效路径，促进两者发展实现共赢，有利于更好地认识我国不同时间空间区域下绿色经济的特点，对科学研判长江经济带城市绿色发展效率及其影响因素具有重要实践意义。目前，我国经济已由高速增长向高质量发展转变，打造长江经济带优势产业集群，发展推动经济高质量发展，对实现绿色经济效率的提高及区域协同一体化发展具有重要现实意义。

陈晓玲

2020 年 8 月

目录

第1章　绪论

1.1 背景及意义

1.1.1 背景

机器大工业生产模式下，生态系统调节能力不能够负荷经济活动所造成的环境污染，这直接导致经济可持续发展受到严重阻碍，伴随全球生态环境的持续恶化，资源、能源在供给上也出现了紧缺。中国自改革开放后经济的发展取得了举世瞩目的成就，中国经济总量于2010年首次超过了日本，跻身世界第二大经济体，被誉为“增长奇迹”。虽然中国经济总量在2022年突破120万亿元，但粗放型的经济发展方式使中国在资源利用效率方面仍有待提高。近年来绿色经济在学界和实业界受到极大关注，联合国开发计划署等多个国际组织多次发表绿色经济相关研究报告，号召世界经济向绿色化过渡。与此同时，在联合国可持续发展大会、G20峰会上，“绿色经济”也是作为热点主题词被多次提到。我国也通过一系列的战略规划和相关政策来引导绿色经济发展：党的十六届三中全会提出“统筹实现人与自然的和谐发展”；党的十八大报告提出要把生态文明建设融入四个建设的全过程；中共十八届五中全会提出绿色、创新、协调、开放、共享的发展理念，在新常态下指导中国经济的发展；党的十九大报告更是明确指出突出生态文明建设的战略位置，协同推进绿色发展，以及2007年的《中国应对气候变化国家方案》、“十三五”规划纲要、《工业绿色发展规划

（2016—2020 年）》等一系列方案，均表明政府在夯实我国绿色经济的发展路径方面所做的努力，中国经济高质量发展的趋势得到进一步确立。

绿色发展的关键要素在于提高绿色经济效率，也就是转变经济增长方式实现经济效率的提升。大量研究证实，影响绿色经济效率的因素涵盖政治、经济、社会、文化各个方面，但归根到底取决于产业的转型升级。近年来，我国产业结构发生转变，由工业主导转向二、三产业共同带动。根据国家统计局发布的 2018 年国民经济和社会发展统计公报显示，2018 年，第三产业增加值占我国 GDP 增值比重的 52.2%，比第二产业高出 11.5 个百分点。文化产业作为第三产业的领军者在我国经济发展特别是绿色经济发展中的地位尤其突出。我国在《中华人民共和国国民经济和社会发展第十三个五年规划纲要》中明确提出，要让“文化产业成为国民经济的支柱性产业”。国家统计局提供的数据表明，2005—2018 年我国文化产业年均增加值增速达 18.9%，超出同期 GDP 增长速度。2021 年全国文化及相关产业增加值占全国 GDP 比重为 4.56%，文化产业已初步显示出国民经济支柱性产业的潜力，并成为我国现阶段经济的新增长点及升级优化产业结构的重要推动力。文化产业是典型的绿色经济，其低污染、低消耗特点决定了文化产业的绿色属性。以知识密集型为特征的文化产业成为各国经济增长的新源点、新动力。文化产业既是朝阳产业也是绿色产业，无论是生产、流通还是消费，各环节的资源使用、加工都是低污染、低消耗型产业，相对于其他产业它在绿色经济中的独特优势彰显，是实现经济可持续发展的重要突破口。

长江经济带凭借自身地理优势和突出的战略地位，现已成为中国经济密度及发展潜力最大的区域之一，是中国新的经济支撑带与增长极。转变经济发展的方式实现绿色发展，以创新驱动促使产业升级转型是长江经济带当今的重要发展任务。长江经济带作为我国重要的创新驱动先驱，在创新资源上较于全国其他地区更加丰富，对外开放度也更高。根据科技部印发的《长江经济带创新驱动产业转型升级方案》中显示，全国1/3的科研机构和高校集中在此，创新成果显著，研发支出、有效发明专利数、新产品销售额分别占到全国比重近1/2，城市群创新引领示范作用显著❶。长江荆楚文化历史悠久，根底深厚，地域特色鲜明具有极大的经济文化开发价值，所以长江经济带发展文化产业有深厚的文化基础，但也存在区域发展不平衡、中低端产业比重较高等有待提升的空间。目前，我国经济已由单纯追求传统GDP增长向高质量发展转变，以长江经济带发展推动经济高质量发展，打造优势产业集群，加快重点产业向高端化发展是实现区域协同一体化发展的重要战略手段，表1–1为近年来长江经济带发展指标。

表1–1　长江经济带发展指标表

类别	指标	2014年	2017年	2020年
创新能力	规模以上工业企业有效发明专利数占全国比例 / %	44.8	49	53
	新产品销售收入比例 / %	51	54	59
	研发投入占区域GDP比重 / %	1.47	2.1	2.5
产业结构	战略性新兴产业占GDP比重 / %	7	12	17
	服务业增加值占GDP比重 / %	44	51	54
经济发展	经济总量占比 / %	41.6	42	43
	出口产品规模 / 千亿美元	10.7	12	15
	平均居民消费水平 / 万元	1.85	2.2	2.7

注　数据测算依据中国统计年鉴（2011—2014），全国总量为各省市区的地区生产总值加总，高于国家统计局公布的年度GDP数据。

❶数据来源：关于印发《长江经济带创新驱动产业转型升级方案》的通知，发改高技〔2016〕440号文。

1.1.2　研究意义

1.1.2.1　理论意义

在生态环境破坏越来越严重的今天，单纯追求经济增长的传统经济学理论对经济活动的指导存在很大的局限性。究其全球当前出现的环境问题，最根本的原因就是不合理的经济发展模式，而研究绿色经济发展是转变经济发展方式的重要途径。与传统经济学理论以实现财富的提高为主要目的不同，现代经济学的研究是提高本国社会经济的可持续发展水平。目前中国经济发展已进入新常态阶段，传统要素、投资驱动模式亟待向创新驱动模式转变，形成绿色创新驱动为主导的新发展方式。

以环境资源约束为背景前提，研究绿色经济效率的提升空间，深入分析绿色经济效率改善的影响因素，已成为当前经济发展研究的重要课题。本文将文化产业引入绿色经济效率影响因素中来，拓宽了绿色经济理论的新视角。相对其他产业，作为典型绿色经济代表的文化产业，无论是在产业链的生产、流通环节，还是消费环节都是低污染、低消耗的。以创新为核心要素、以知识密集性为主要特点的文化产业不仅能够通过创造价值来驱动增长，还成为整体经济内部创新体系的关键元素，成为各国经济增长的全新驱动力，它在空间上集聚是否能够提升绿色经济效率，这是一个值得深入探讨的理论问题。本文从产业层面出发，把文化产业作为核心变量对绿色经济效率的影响机理进行研究，有利于更好认识我国不同时间空间区域下绿色经济的特点，对科学判断长江经济带城市绿色发展效率及其影响因素具有重要的理论价值与实践应用价值。

1.1.2.2 现实意义

建设环境友好生态文明先行示范带是长江经济带的重要发展使命，同时也是落实五大发展理念的重要环节。国家颁布的一系列有关长江经济带发展规划的文件充分体现了国家对长江经济带绿色发展的战略定位。绿色经济效率的研究可以从经济模式、政策规划、发展实践等方面促进对经济与环境协调发展的全面布局，为经济发展模式的更新与发展奠定理论基础。

绿色经济蕴含着经济与生态的良性互动，它既符合当今时代的发展趋势，又是基于我国国情的新思维与新探索，其中包括了政府、企业、社会组织的涉入，也与社会公众、互联网等的参与密切相关。因此，绿色经济的发展是我国全面提升综合实力和竞争力的突破口，同时也是全面落实可持续发展战略的重要途径。近年来学术界对长江经济带的研讨也从“大开发”逐步过渡到“大保护”，对长江经济带绿色发展问题的关注越来越多。“生态文明建设的先行示范带”是其重要战略定位，可见长江经济带不仅肩负着引领中国经济发展的重要使命，还要兼顾环境保护的重要任务。经济与环境两者之间的协调发展是核心要点，因此研讨长江经济带经济与环境在时空格局演变角度下的协调发展在当今具有重要的现实意义。

1.2　文献综述

1.2.1　文化产业集聚研究现状综述

1.2.1.1　文化产业及其衡量指标研究

“文化工业”的概念最早在 1947 年由马克斯·霍克海默（Max Horkheimer）和西奥多·阿多让（Theodor Adorno）在《启蒙辩证法》中首次提出。作为法兰克福学派代表性学者，二人认为文化产业仍具有机械化和重复性的特点，整体不具有艺术与哲学价值，因此依旧属于工业化生产。雷蒙德·威廉姆斯（Raymond Williams）认为文化不仅可以反映知识与想象，也可以反映生活方式，同时文化还是系统性符号，对社会秩序的传达体验都至关重要。布迪厄（Bourdieu）指出文化产业具有社会符号特征，这样文化产业能以具体的形式被识别还能展示消费者个性化、自我和社会地位的制成品。约翰·菲斯克（John Fiske）认为文化产业由经济利润驱动发展，即“只遵从自身的经济利益”，并且认为文化是一种社会化的生产与再生产，因此文化属于生产领域与社会关系领域的交叉点，同时也是联系纽带。阿伦·斯科特（Allen Scott）认为文化产业的产出形式是文化服务，以实现消费者对其自身的展示与肯定。联合国教科文组织（United Nations Educational, Scientific and Cultural Organization，UNESCO）将“文化产业”定义为“按照工业标准进行生产、储存和销售文化产品的社会活动，在进行文化传承的同时还努力追求产业利润最大化”。

胡惠林认为，文化产业是以精神产品的生产消费为主要内容的产业组织。万里认为文化产业是可以提升人民精神生活品质而进行的生产活动。刘蔚认为：文化产业主要是指生产和经营符号性商品与信息，而其拥有自身的文化价值和知识产权；文化产业发展的重点是其内容的生产，所需要的资料为各自的思想、技能、想象力和创造力，而其运作的方式为批量化、格式化、标准化；文化产业本身具有包容性和扩展性的特点。国家统计局在文件❶中定义文化产业为“为社会公众提供文化产品和文化相关产品的生产活动的集合”。此外，该文件还根据文化产业形式将其内容划分为9个大类，即新闻信息服务、文化传播渠道、内容创作生产等。

关于文化产业产出的衡量，不同学者根据其研究目的侧重点有所不同，有的侧重文化价值，有的侧重经济价值。瑟罗斯比（Throsby）指出经济价值和金融或商业价值不同，尽管它最终以某一计价单位或货币表示，它包含文化产品或服务的直接使用价值和非市场价值。而文化价值是多维的，可能包含一些不容易量化的要素。文化价值的度量是研究中的难点，已有关于文化产业的多数研究只关注文化产品的经济价值，对文化产品文化价值关注的较少。Bourdieu 强调文化生产观点和品位的形成。科斯（Coser）、卡杜辛（Kadushin）、鲍威尔（Powell）和迪马乔（Di Maggio）指出文化生产的范围和多样性，包括艺术、剧院和图书出版。齐巴（Zieba）和纽曼（Newman）指出文化产业的生产过程是一种创意生产过程，很难直接测量。瑟罗斯（Throsby）和威瑟斯（Withers）首次将条件价值评估法应用于艺术。他们对悉尼成年居民进行随机调查，衡量公众对公共艺术品的支付意愿。

❶《文化及相关产业分类（2018）》。

所作的报告指出事实上他们能够衡量艺术非市场产出的经济价值。目前，也有部分研究综合考虑了文化产品的多元价值，指出如果要采用新古典经济学的框架，艺术品的文化价值能够被交易过程或简单的市场交换所解释。当文化产品比如油画或小说被提供给大众，消费者消化、解释、评估作品中包含的内容，和其他人讨论、交换他们的评价，最后如果意见达成一致，对这个作品艺术价值所作的估计能被解释为文化价格。Throsby 指出富有创意的艺术家事实上提供了一个二元市场——决定产品经济价格的物质市场和决定产品文化价格的观念市场。产品市场与观念市场的价格不彼此依赖，随着产品经济和文化价值重估发生的时间而改变。

国内相关研究使用文化产业的增加值、总产出和总收入等指标进行衡量，且多集中在文化产业效率的研究上。袁海、吴振荣在测算文化产业生产效率、分析生产效率的影响因素时，选用文化企业产出和增加值作为衡量指标。赵彦云等学者设计了以文化实力为代表的七个要素作为指标，在省级层面对我国文化产业竞争力进行研究。王岚等学者选取多指标构建了文化产业网络层次分析（ANP）评价体系。揭志强、王家庭、韩学周和马跃如等学者利用文化产业的增加值作为主要指标来衡量我国文化产业近年来的生产发展状况。成学真等学者在研究文化产业与经济增长的关系时，选取文化产业人均增加值作为文化产业发展的衡量指标。何里文等学者在研究中采用了文化产业总产出与增加值两个指标综合进行文化产业发展的定量衡量。庄锴等学者构建了包括文化产业增加值等多项指标体系综合反映文化产业的现状。梁君等学者构建的文化产业竞争力评价指标体系中，竞争绩效指标包括规模绩效和效率绩效两部分，其中规模绩效包括地区文化产业增加值和地区文化产业总产出，效率绩效包括文化产业劳动生产率和文化企业主营业务利润率。在准确定义和理解文化产业增加值的计算范围的基础上，陈正伟等学者提出了区县级文化产业增加值的计算方法和操作技术，充分论证了其方法和技术的科学性和可行性，为统计区县级文化产业增加值提供了重要的参考依据。国风兰、刘庆志在文化消费统计指标体系设计思想指导下，采用层次分析和综合设计相结合方法构建文化消费统计指标体系。周锦、闻雯采用因子分析方法，其中指标体系包括了国内生产总值（Gross Domestic Product，GDP）、文化事业机构数、人均可支配收入、居民文体消费比例等众多指标。麻敏、李勇构建的评价指标体系，包含文化产业集群内生产要素、文化产品的社会需求状况、文化产业集群内部协同创新度、文化产业集群与其他产业集群协同度、政府政策制定等子指标。

1.2.1.2 文化产业集聚研究

（1）产业集聚效应研究

阿尔弗雷德·马歇尔（Alfred Marshall）作为新古典经济学创始人，在1996年从知识溢出的角度分析了劳动力市场形成机理，并将结论与地区市场联系到一起，解释了空间集聚的边际收益增加的现象。阿尔弗雷德·韦伯（Alfred Weber）首先提出了聚集经济的概念，即生产活动在特定区域内的集中倾向。迈克尔·波特（Michael Porter）认为在经济全球化成为主流趋势的背景下，产业集聚成为所有国家产生比较优势的主要原因。埃德加·胡佛（Edger Hoover）首次提出最佳集聚规模理论，从量化角度对产业集聚进行研究。以克鲁格曼（Krugman）、藤田（Fujita）、维纳布尔斯（Venables）为代表的新经济地理学派将空间因素纳入主流经济学的研究范畴。这些研究将研究假设约束的更为严格，以接近真实情况，如规模报酬递增和不完全竞争等，在此基础上构造了产业集聚空间模型。马丁（Martin）、奥塔维亚诺（Ottaviano）以及鲍德温（Baldwin）重点研究空间集聚、知识溢出和经济增长之间的相互作用机理。Martin 和 Ottaviano 建立了一个产业空间集聚和内生增长相互作用的模型，制造业的空间集聚便通过降低贸易成本进而激励创新促进区域经济增长，表明经济增长反过来也促进产业的空间集聚，两者之间具有循环累积的因果关系。Baldwin 将存量内生决定的资本要素引入产业集聚和增长的分析模型，增长由产品品种数量的增加驱动。Fujita 和蒂斯（Thisse）则建立了劳动力自由流动下的集聚和内生增长模型，通过在中心——外围模型中引入一个通过雇用熟练劳动力来开发新品种的研发部门，考察熟练劳动力的迁移而引发的需求效应和外溢产生的生产率效应与产品品种数量增长的相互关系。

国内研究对于产业集聚的关注主要集中在制造业领域。臧新、李菡运用面板误差修正模型从行业层面对制造业的垂直专业化和产业集聚进行了动态关系研究。踪家峰等学者研究发现转移支付对产业集聚存在一个最优规模。朱英明等学者从地理经济学角度对财政纵向竞争与环境禀赋对工业集聚的影响进行了实证研究。孙浦阳等学者从新经济地理学视角出发，以外商直接投资（Foreign Direct Investment，FDI）的变动作为研究基础分析不同服务业的行业集聚对其的影响。杨仁发以我国 269 个城市为样本，运用 SGMM 模型分析了产业集聚与工资水平间的关系。文东伟、冼国明利用企业数据测算了我国不同制造业的产业集聚指数，并利用该指数刻画了我国制造业的地理集聚分布现状。韩坚等学者把产业集聚因素引入创新产出和投入的生产函数中，采用空间计量模型考察产业集聚等对创新产出的影响。季书涵、朱英明运用面板门槛回归确定了产业集聚的发展阶段，进而分析产业集聚对资源错配的影响效果。

（2）文化产业集聚的效应研究

斯科特（Scott）最早发现文化产业的空间分布并不均匀，而是以企业的集聚为主要特征，并倾向于在世界主要城市或国家集聚。Scott 还认为文化产业选择在城市的空间集聚，表明集聚经济对文化生产和文化产业竞争力的重要作用，由集聚经济带来的生产者网络和劳动力市场是城市文化经济发展的主要动力。赫顿（Hutton）研究发现，艺术和文化资源以及文化集群是推动可持续经济发展的引擎，并通过城市再生政策来复兴城市。玛门（Mommaas）以荷兰的文化产业集聚战略为对象，分析了文化产业集聚对城市发展的影响，表现为：强化了城市定位、吸引力和突出休闲和娱乐功能的城市形象；强化了艺术和文化的商业化；增强了创新和创意能力；重新利用旧的建筑和废弃的空间；促进了文化多样性和文化民主。埃文斯（Evans）通过比较世界上的主要城市的城市文化产业政策，发现城市政策非常类似，即通过推动文化创意集群发展推动城市发展。

一些研究以特定文化产业集聚区作为研究样本对象，通过分析不同文化产业集聚区的特色提出有针对性的改进建议。钱紫华以美术创意为例研究了文化产业集聚发展模式；宋充、程磊通过分析生态文明视角下景德镇陶瓷文化产业集聚区的发展现状，探讨了集聚区发展存在的问题和对策。还有一些研究以特定省份的文化产业集聚为研究对象，进行区域文化产业集聚的实证研究。梁君等学者对广西和湖南的文化产业集聚度及区域竞争力进行实证研究定量测算。杨克升、马海霞研究认为，文化旅游产业集聚对实现文化产业的工业化具有先导意义。史波等学者从知识管理的视角出发，重点关注知识共享给文化产业集聚带来的动力，并对文化产业集聚的国内外研究进行了详细的评述。此外，他们还借鉴了管理科学研究方法，对基于知识共享的文化产业集聚发展模式研究进行梳理。杨永忠等学者研究了创意产业集聚的形成过程，并提出了基于演化经济视角的阶段，即单元聚集、界面构建和网络发展。黄永兴、徐鹏采用跨学科视角构建了经济地理学框架，研究了我国省级文化产业集聚的影响因素。研究发现东部地区基于其区位优势，而使得文化资源优势提高了文化产业集聚程度，全样本下的研究结果表明，人力资本积累、交通、相关产业消费和财政支持力度等因素均提高了文化产业集聚水平；研究同时还发现文化产业集聚存在一定的外溢效应。喻莎莎以河南省文化产业发展作为样本，分别采用空间基尼系数和赫芬达尔指数两个指标研究文化产业的行业集聚度与企业集聚度，通过构建立体化指标来衡量河南文化产业的集聚程度，同时据此给出了相应的改进政策。刘小铁认为，影响我国文化产业集聚程度的因素主要有社会经济发展、政府政策、创新环境、产业合作等。孙智君、李响试图利用城市化水平和地方化经济水平等变量来解释文化产业集聚度的变化。最特殊的是人力资本的作用，高级人力资本与低级人力资本的效应正好相反，前者起促进作用、后者起阻碍作用。"中国文化产业集聚效应的动态研究"课题组利用经济普查数据进行了定量研究，主要研究目标是基于我国文化产业集聚的现状、变化特征、影响因素三个角度进行综合考察。研究结果发现，我国文化产业集聚的现状呈东高西低的阶梯状分布，其中东部地区代表了我国文化产业集聚发展的最高水平，且存在着显著的空间溢出效应；从发展的变化特征来看，我国文化产业的空间集聚特征不变，文化产业发展水平较高的地区的产业集聚度仍在提升，且空间集聚的区域也不断扩大。熊建练等学者从文化产业集聚竞争力角度入手，首先构建了竞争力评价模型来考察我国 277 个城市的文化产业集聚竞争力的影响机制及作用路径。蔡后界从文化产业集群视角入手，以浙江省为例研究了区域文化产业集群的发展问题，并构建了改善区域文化产业集群发展的有效路径。

1.2.1.3　文化产业集聚研究述评

文化产业集聚的研究具有多学科的研究特点，在经济地理学和制度经济学基础上，加入了文化地理学对地方文化和创意环境的关注，以及新经济社会学对社会资本和社会关系网络的研究，从产业集聚的经济视角开始转向文化、制度、社会关系的研究视角。但现有研究对文化产业行业特质关注度不足，导致了现有对于文化产业集聚的研究结论均采用与其他行业研究相类似的产业集聚概念和形成机理，而没有将文化、地理、经济等多学科的综合视角进行有机整合和研究。

现有关于文化产业集聚效应的研究重心在于文化产业增长与竞争力的评价，对绿色经济效率相关联的机制研究较少。同时，国内对文化产业集聚形成和效应的研究更显薄弱，存在的问题表现为研究视角单一、对文化产业特性关注不够、实证研究缺乏等不足，在我国文化产业空间集聚分布的测度、文化产业集聚形成分析乃至在不同样本层面上对文化产业集聚效应的实证检验方面还有许多可待研究的空间。

1.2.2 绿色经济效率研究现状综述

1.2.2.1 绿色经济效率及其指标构建研究

大卫·皮埃尔斯（David Pearce）首次提出了“绿色经济”的概念，侧重于环境保护与可持续发展，主张将经济这一具体指标与生态环境、环境政策结合，以期望对经济发展中的环境问题加以关注。此后大部分研究都聚焦于生态环境，绿色经济研究往往是从生态环境的改善与治理出发，只是将经济发展嵌入其中。这一时期，经济理论事实上成为研究绿色经济的辅助工具，因而这一阶段的绿色经济也被大部分研究并入环境学范畴。

随着全球经济快速发展，经济效率指标在绿色经济中的分量越来越重，学者们对绿色经济这一概念的内涵研究发生了改变。皮特曼（Pittman）采用治理污染成本作为产出之一考察了美国造纸厂的生产效率，在国外的研究中第一次将“不希望出现”的产出加入生产函数中来进行全面分析。钟（Chung）等学者以瑞典作为样本构建 ML 生产率指数，考察纸浆厂的生产效率。法尔（Fare）等人同样运用该指数测算了 1974—1986 年美国制造业的全要素生产率（Total Factor Productivity，TFP）。全恩和西科尔斯（Jeon & Sickles）以及约鲁克和扎依姆（Yoruk & Zaim）运用 ML 指数和 Malmquist 指数分别测算了经济合作与发展组织（Organization for Economic Cooperation and Development，OECD）和亚洲若干国家的 TFP 增长情况。库玛（Kumar）在上述研究的基础上综合采用两种指数同时考察了不同国家的 TFP。

国内许多学者近年来的研究重心也转向将环境因素纳入经济效率核算系统。朱承亮等学者构造了环境综合指数测算了绿色 GDP，并对我国绿色经济效率的影响因素进行梳理。任阳军、汪传旭将环境污染引入经济效率的评价指标体系中对 2011—2015 年我国各省份绿色经济效率值进行测算。王晓云等学者对我国 285 个地级市的绿色经济效率进行动态评价，并采用混合面板数据模型动态分析了绿色经济效率的影响机制。陈诗一利用超越对数形式生产函数的 Solow 余值法构建的超越对数生产函数，以二氧化碳排放量作为指标对工业企业的生产效率变化进行计算，得出结论认为我国工业企业已经转型为技术驱动型增长方式。涂正革、肖耿利用二氧化硫作为指征，采用非参数形式构建（SFA）测算环境政策收紧时工业企业的效率增长模式，研究发现工业企业的效率因环境约束而逐渐得到抑制，但是这种效应在逐步降低。胡鞍钢等学者在省级层面采用方向性距离函数考察了经济产出的技术效率。程丹润、李静认为环境变化降低了经济效率，这一结论在所有地区均适用。杨俊、邵汉华研究发现环境因素若在实际定量测算中被忽略，会高估生产率的变化。吴军测算了环境对工业经济效率的影响程度。

王兵等学者将能源纳入投入变量，重点考察了不同污染物对环境效率的影响，发现二氧化硫是造成环境无效的最主要原因之一。匡远凤、彭代彦采用SFA模型对环境TFP进行测算，同时放松了规模报酬不变的假定，发现省级前沿技术面存在内陷问题。薛珑遵循绿色经济发展测度体系建立原则，从科技、环境、政策与效率4个方面建立了绿色经济发展测度体系。朱海玲基于我国国情构建由循环性、减排、工业、金融等组成的绿色经济评价体系，并据此提出了绿色经济发展的适用策略。

1.2.2.2 绿色经济效率的影响因素研究

近年来关于绿色经济效率影响因素的研究较为丰富，众多学者选择从政府管制、技术进步、产业结构及地区差异的角度来研究。这也为实证中控制变量的选取提供了颇有价值的参考。

汪克亮等学者采用“共同技术率”衡量我国东、中、西部地区的生产技术与全域的技术水平差距，研究表明我国绿色经济效率水平仍然有很大提升空间，且不同区域间的技术水平差异也较大。钱争鸣、刘晓晨运用数据包括分析（Data Envelopment Analysis，DEA）模型研究发现绿色经济效率与地区人均GDP有典型的“倒U形”非线性关系，且环境管制可以长期显著影响绿色经济效率的波动。王兵、刘光天重点研究了节能减排政策对绿色TFP的影响机制，研究发现，节能减排通过技术进步的中介效应促进绿色TFP的增长，从而验证了“波特假说”。穆学英等学者基于空间计量模型研究表明，我国绿色生产效率呈现典型地区差异性，与此同时我国各省市绿色生产效率与邻接地区有相似趋势，因此表现出了一定程度上的空间集聚特征。王军、耿建首先运用熵权法经典经济增长模型中的一般生产要素作为投入指标进行效率的DEA测算。周杰文等学者同样参考上述研究采用了熵值法构造各省市的环境污染综合指数，实证测算了我国各省份绿色经济效率，研究发现在加入对外开放度等控制变量后，科学研究与试验发展（Research and Development，R&D）支出对绿色经济效率产生了阻碍作用。张军等学者研究表明广东省绿色经济效率逐年下降。岳书敬等学者测度了 96 个地级市的绿色发展效率，并分析了产业集聚的绿色效应，结果显示东部城市的绿色发展效率最高。王晓云等学者以自然资源和环境污染成本作为经济投入以地区 GDP 作为产出指标对 285 个城市的动态效率和静态效率进行研究，发现区域经济发展水平不直接与经济效率挂钩且不同效率排名存在差异。

最近还有学者将绿色经济效率的研究重心转移到了海洋经济效率上。盖美等学者利用多种方法对绿色海洋经济效率进行动态分析，结果表明我国绿色海洋经济效率在近年来有显著提高，但仍有提升空间。赵昕等学者运用空间计量方法从多维视角分析我国海洋绿色经济效率的时空演变，研究发现海洋绿色经济效率受到技术水平和治理效率的影响。也有一些学者针对近年来的“一带一路”热点进行了绿色经济效率的测度。黄秀路等学者分析了“一带一路”沿线国家的绿色 TFP 时空特征，借助计量模型识别影响因素的作用机制，研究发现沿线国家绿色 TFP 在缓慢增长，相比欧洲，亚洲增长率更高，但也表现出较大的增长差异。张文博等学者将“一带一路”重点开放城市和相关省会城市作为样本，基于非预期产出的 DEA 模型定量估算了地级城市的绿色经济效率。研究发现城市规模受到绿色经济效率的影响呈现非线性波动，第二产业的比重越高，绿色经济效率越低，城市经济发展水平和 FDI 水平则正好相反。

1.2.2.3　绿色经济效率研究述评

对于绿色经济的研究主要集中于从微观视角出发的环境保护与绿色经

济相关产业的配套发展，而对具有宏观视角的经济增长自身性质考虑较少。总结上述研究可以发现：首先，很多学者在研究方法上都采用了 DEA 模型。DEA 模型自有其优势所在，如无需设定收入产出的关系、无需设定权重比例等。其次，绿色经济效率的测度须同时考虑正面产出与负产出，这已成为现阶段绿色经济效率研究的共识，但也有少量研究没有综合考虑二者，如杨龙、胡晓珍在研究中仅考虑了环境污染的产出而没有涉及资源的投入；涂正革、肖耿在研究中仅选择大气污染物作为环境负产出的替代变量。各研究在考虑环境变量时处理方法不尽相同，也给本研究带来了丰富的参考。

1.2.3 文化产业集聚与绿色经济效率相关性研究现状综述

产业集聚作为生产活动发展到一定规模之后必然存在的组织形态，具有自己典型的优缺点。正面来说，产业集聚可以整合要素资源，以低成本运行提升生产效率；反面来说，产业集聚会带来人口拥挤效应，同时引发规模报酬递减，产生的负外部性超过正外部性，不利于可持续发展。西科尼（Ciccone）等人最早通过研究认为，当一个行业内部的产业集聚达到一定水平的时候，基础设施、生产要素以及共有知识技术的升级共享得以提高，从而带来该行业在产业集聚区域内的生产效率提升，称为 MAR 效应。波什马（Boschma）等学者进一步研究认为，当产业集聚不再局限于同一个行业时，同样可以促进产业生产效率的提高，这种效应被其称为 Jacobs 集聚效应。而赵伟、隋月红结合我国的数据样本分析证实了多样化集聚形态确实有利于劳动生产率的提高，但是同时也证明了专业化的产业集聚则会阻碍劳动生产率的提高。聂玉立等学者利用 Tobit 模型对不同产业的劳动生产率进行实证检验，结论得出第二产业显著阻碍了地区绿色经济效率的提高，而第三产业则促进城市的绿色发展。张治栋、秦淑悦对城市绿色经济效率值进行了定量测度，表明长江经济带西部省份如云南、贵州等仍处于产业集聚阻碍绿色经济效率的阶段；第三产业如服务业的产业集聚对绿色经济效率的提升有显著推动作用。

在此基础上，学者们还进行了具体行业的产业集聚与绿色经济效率的关系研究。黄建欢等学者运用全国 30 个省级地区面板数据利用空间滞后模型，对我国金融业的产业集聚与区域绿色经济发展间的关系进行了讨论，结果发现二者间有显著的空间溢出效应。王锋等学者同样研究了金融产业集聚与地区绿色经济发展的关系，研究认为我国各省份的绿色经济发展质量不同。上述两位学者的研究都证明了金融业的产业集聚可以促进区域公共资源的配置优化、产业结构转型升级。胡安军等学者以高新技术产业为例进行行业集聚的绿色经济效应分析。首先构建动态面板模型分析高新技术产业集聚与绿色经济效率的关系，研究发现我国东中西部地区的绿色经济效率呈现东高西低的阶梯分布；京、沪、粤三地的绿色经济效率处于效率前沿面上，其他地区则处于前沿面之下。高新技术产业集聚对绿色经济效率具有 U 形关系，且专业化集聚阻碍绿色经济效率提高，多样化集聚促进绿色经济效率提高。王志祥等学者以物流产业为例进行了研究，根据省级面板数据的空间模型分析发现，物流业的产业集聚可以显著提高地区绿色经济效率，且对邻接地区也有正向空间溢出效应。

关于文化产业与绿色经济相关性的研究，最早都是来源于对文化生态旅游相关现象的关注。张建忠等学者运用文化生态旅游理论分析了我国古村文化生态现状，通过分析提出，要对现存古村的文化进行保护性开发。王云才、韩丽莹研究了传统文化景观在商业化和城镇化进程中的定位问题，他们指出传统文化景观的破碎化已成为当前的典型特征，这也催生了传统文化孤岛问题。秦红增等学者在已有文献基础上，以广西乡村生态旅游产业为例进行研究，发现农民的文化自觉是推动文化产业创意的主要动力，从而形成了以“文化农民”为核心的乡村文化创意网络体系。李莺莉、王灿研究认为，“城市病”与“农村病”问题在城镇化过程没有得到有效解决，因此乡村旅游经济模式正面临着生态转型压力。研究表明，乡村旅游的生态化转型需要以生态与经济共同发展为核心，加强环保技术的提升建设，更高质量的深化绿色乡村发展。程乾、方琳建立模型分析了影响文旅产业发展的主要因素，在模型中以生产、产业链、企业条件等 19 个指标构建了评价体系，并以长三角地区作为分析样本，采用动态聚类分析进行定量刻画。研究发现，江浙沪主要城市诸如苏杭宁沪的文化旅游创意产业综合生态位居区域前列。相比之下，在这些城市周边的小城市，诸如江苏、泰州和浙江的舟山湖州等城市位列倒数后三名。因此小城市应主动进行协作发展，以提高文旅产业竞争力，实现区域效益最大化。

在充分讨论了文化与生态之间的融合后，很多学者开始讨论生态文化的建立及其对经济发展的指导意义。刘国皇认为要实现健康的文化消费局面，必须要先建立完善的生态文明理念，同时文化消费反过来也可以促进普及公民的生态文明意识。他认为，目前我国文化消费市场已初具规模，展示出丰富的多样性，但是同时也出现了严重的盲目攀比现象。因此，这就要求广大公民在国家倡导的生态文明理念之上，积极树立正确的文化消费观，形成具有健康生态文明观念的文化消费群体。这样既可以协助优化我国文化产业的结构转型，同时也能促使政府和企业提供文化产品的有效供给。也有学者将研究目标转向比生态旅游更高层次的文化产业的发展去向。周凯、武晋源认为，文化产业是典型的绿色经济产业，其在增进就业、促成产业跨越方面都彰显出其绿色经济的独特优势。

关于文化产业提升绿色经济效率的研究文献则更稀少，特别是在理论建设和实证分析方面。陈岩、拓中认为现代社会的经济发展中，生产要素不再是以资源为主，社会财富主要体现在知识产权等无形资产中，因此，创意产业发展是实现可持续发展的重要路径。李翔以北京作为样本，进行城市建设分析认为，建设绿色城市发展离不开绿色文化产业的建设，要着力建设“自然生态保护的文创产业”。刘德海认为绿色发展理念将极大促进我国五位一体建设的新征程，并对绿色经济的实践有重要的指导意义，这一观点也是对经济发展的趋势有顺应的结果。温茜茜认为随着经济新常态局面出现，市场需求已经出现重大调整变动，传统产业开始出现产能过剩的情况，而民族特色产业开始以绿色原生态的特点出现在消费市场上。因此以绿色民族产业为代表的新型产业发展成为产业结构转型的关键。

最近两年开始有学者关注文化产业与绿色经济效率的系统定量研究。詹韵秋基于“五大发展理念”的研究视角，构建中国经济发展质量的评价指标体系，以省级层面的数据作为研究样本，估算了我国经济发展质量指数。研究发现，在样本期间，我国经济发展质量水平逐步提升，但不同维度之间有显著差异；文化产业发展对经济发展质量有显著正面影响，但同时也有明显的环境异质性；不同地区的文化产业发展对经济发展质量的影响力度不同，在我国各地区的影响力排名由大到小依次为：东部、西部和中部地区。该研究在此基础上对文化产业扶持、产业融合、制度改良、文化消费市场培植等方面提出有效建议。刘耀彬等学者采用省级面板数据，运用 SGMM 方法，实证检验了文化产业集聚与绿色经济效率间的关系。研究发现文化产业集聚对绿色经济效率有显著的“U”形曲线关系，而我国目前的文化产业集聚处于抑制绿色经济效率的水平上。据此作者提出，在进行政策制定时，要全面考虑其他影响因素，着力促进二者的共赢。车树林等学者构建空间面板模型实证结果表明，在不同的空间关联模式下，我国各地区绿色经济发展存在异质性，通过控制地理位置、经济关系等因素研究发现文化产业存在空间溢出效应。韩东林、刘兵兵根据2014—2016年的文化制造业投入产出数据，结合ML指数测算了该行业的绿色TFP，研究发现文化制造业的绿色TFP呈现省级层面的五级分布。

作为新时期的重点扶持发展的文化产业，它对绿色经济效率之间存在什么样的影响，在空间上集聚是否能够改善绿色经济效率，这不仅是一个值得深入探讨的理论问题，而且其背后隐含着更深的现实问题。但是综合已有研究成果来看，目前很少有学者系统的对文化产业集聚和绿色经济效率提升间的关系进行梳理研究，总体文献偏少、缺少实证分析是目前此类主题研究的缺陷。整体来说，这一主题的研究仍处于起步阶段。而文化产业集聚提升绿色经济效率正是当前形势下，我国亟待选择经济发展方式转型的途径之一。因此，本研究试图对这一项研究中的不足进行进一步探索，对现有经济社会问题提供相对系统性的分析方法。

1.3 研究目标、思路与方法

1.3.1 研究目标和基本思路

本文的研究目标旨在资源环境约束背景下研究文化产业集聚对绿色经济效率的影响机理和效应。通过借鉴国内外实践经验，实证分析中国长江经济带文化产业集聚对区域绿色经济效率的影响效应，同时寻求文化产业集聚提升区域绿色经济效率的有效路径，促进我国绿色经济效率的提高。

本文基本研究思路是在升级产业结构促进绿色经济发展的前提下，首先对文化产业集聚和绿色经济效率的基础理论进行梳理；在此基础上对文化产业集聚的形成过程及绿色经济效率的测度方法进行介绍；应用主流经济学方法从动态非线性关系及空间溢出效应两个层面剖析文化产业集聚对区域绿色经济效率的影响机理，并据此给出了研究假设；将理论机制应用于实际，通过对长江经济带 108 个城市面板数据模型和空间计量模型的实证分析，考察该区域文化产业集聚对绿色经济效率的影响，探索文化产业发展对绿色经济效率提升的路径，以期促进二者发展升级来实现共赢。基于以上研究思路，构建了如图 1-1 所示的研究技术路线图。

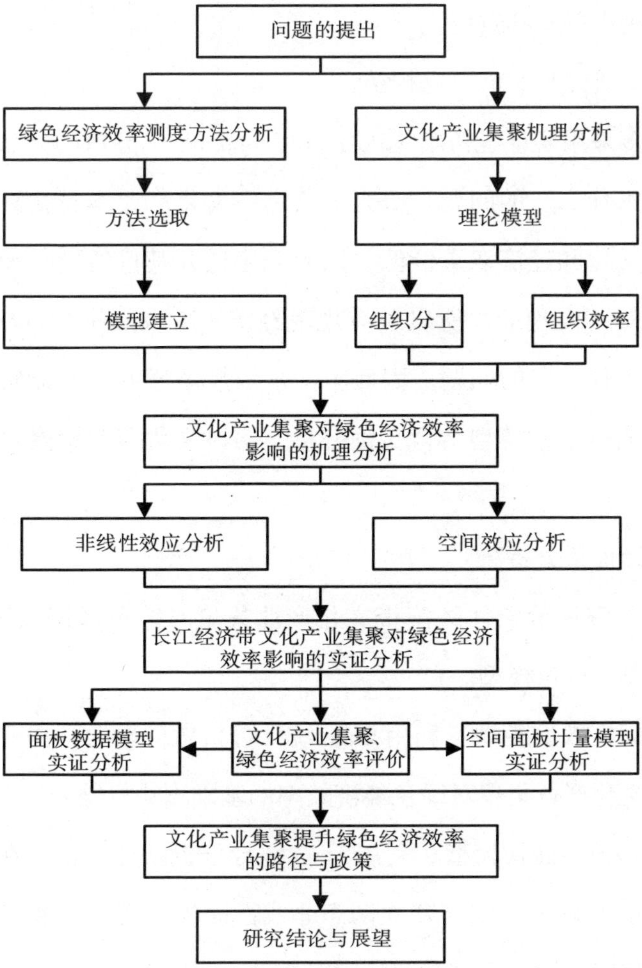

图1–1　本次研究的技术路线图

1.3.2 研究方法

（1）多学科视角下的综合研究

对文化产业集聚和绿色经济效率的研究涉及众多学科，运用单一理论很难完全准确地解释文化产业集聚对绿色经济效率的影响。因此，本文将运用并融合新经济地理学、空间计量经济学、产业经济学、艺术经济学的相关理论，采用多学科综合研究视角系统分析文化产业集聚对区域绿色经济效率的影响机理及其效应。

（2）规范研究与实证研究相结合

本文大多采用实证经济学（Positive Economics）分析的方法，主要回答“是什么”“为什么”的问题。研究对象之一文化产业本身就具有其他产业所不具备的文化和经济双重价值，因此完全避开其价值判断来解释社会的经济现象也是不合理的，所以也有规范经济（Normative Economics）分析，说明“应该是什么”的问题。因此本文采取规范研究与实证研究相结合的分析方法，通过数学模型结合实例分析，探讨文化产业集聚对绿色经济效率的影响。

（3）统计计量分析法

本文在客观评价长江经济带文化产业集聚对绿色经济效率的影响时，主要采用了以下计量模型。

①面板固定效应模型。利用Stata统计分析软件平台，构建面板固定效应模型检验文化产业集聚对绿色经济效率的基础影响机制。

②动态非线性面板模型。利用Stata统计分析软件平台，在普通线性面板模型回归的基础上，本文建立动态非线性面板模型，在非线性维度上探讨文化产业集聚与绿色经济效率的动态关系。

③空间计量模型。利用Matlab等计量经济软件，通过构建空间杜宾模

型（Spatial Durbin Model，SDM），分析文化产业集聚的空间溢出效应对区域绿色经济效率的影响。

1.4 主要创新点

本文在进行绿色经济学的探讨时，从产业层面出发，将绿色经济的典型代表文化产业纳入新的评价系统，从非线性效应和空间效应两个方面入手构建文化产业集聚促进绿色经济效率提高的内在机制，为在资源环境约束背景下寻找提高绿色经济效率的空间，深入分析改善绿色经济效率的影响因素，拓宽了绿色经济研究的视角。

研究发现文化产业集聚对绿色经济效率的提升具有非线性效应和空间溢出效应，作用表现为先促进后抑制，具体效应因地区异质性而不同。目前长江经济带绝大部分城市仍处于倒 U 形曲线关系中的顶点左侧，即文化产业集聚对绿色经济效率仍然是推动作用。

方法上，本文在动态面板模型中运用系统广义矩检验文化产业集聚对绿色经济效率的动态效应，克服了之前静态估计的不足，同时构建空间面板杜宾模型实证检验各效应的相对重要性及其空间溢出效应。对长江经济带东中西三大区域和大中小城市进行分类实证检验，为文化产业集聚提升绿色经济效率在区域差问题上精准施策提供了实证依据。

第2章　理论基础

2.1 文化产业集聚相关概念及理论

迄今，有关文化产业的词层出不穷，如“创意产业”“内容或版权产业”或“认知文化经济产业”等，不同的标签反映了不同的分析立场和意识形态。所有这些术语，包括其前身及释义，都成为学者专家辩论激烈的“阵地”。需要强调的是，这些术语被广泛用于文化政策领域，“产业”这一用语常常应用在一些无论从本质、范围还是盈利情况来看都不具有“产业性”的活动上。有些学者认为这些术语定义不明，已成为空洞套语。

为了更清楚地理解文化产业的内涵，包括其内容、功能和相对人类可持续发展而言所具有的潜能，本章对文化产业、文化产业集聚及其相关理论进行了概述。目的不是针对这些概念达成最终共识，而是更全面地了解文化产业，从地方社会和经济发展角度对文化产业的背景及框架进行审视，以支持其作为地方区域发展的一个可能方案而不断被向前推进。

2.1.1 文化产业及文化产业集聚的概念界定

20 世纪三四十年代，在法兰克福学派的早期作品中最早出现“文化产业”一词。以 Theodor Adorno 和 Max Horkheimer 为首的法兰克福学派对艺术商品化持坚决反对立场，他们认为，“文化产业”在当时是一个带有冲击的概念：在这里，文化和产业是不能融合的，“文化产业”经常被用在反对现代文化生活局限性的论战中，后来还被用来表达对电影、音乐、流行报纸、杂志等分散大众注意力的媒体的鄙视。

至今仍有一些人对文化与商业之间的关系持这样悲观的态度，特别是在当今围绕全球文化同质化开展的讨论中。持悲观主义观点者还基于这样一种观点，即文化和经济是一种相互敌对的关系，两者逻辑的推动是完全不相容的，如果我们试图将两者融合，那么文化的完整性则会遭到破坏。直到 20 世纪 60 年代，有许多分析者逐渐开始意识到商品化过程不一定总会导致文化表现的衰退。恰恰相反，两者之间的关系是相辅相成的。

联合国教科文组织认为，文化产业与其他产业一致，文化产业对无形的文化内容创作、制造与商品化过程起到了连接作用。这些产业内容通常可以采用产品或服务的方式受到法律的保护。根据联合国教科文组织的说法，文化产业的一个核心作用就是保证文化民主化、促进和维护文化的多样性。20 世纪 80 年代以后，“文化产业”这个词开始作为一个带有积极意义的标签应用于学术界，不再带有以前的贬义色彩。“文化产业”一词经过联合国教科文组织在全世界范围的努力传播之下，它所涵盖的领域也被大大拓宽，如音乐、美术、写作、时尚和设计，以及广播、出版物和影视制作等媒体产业。文化产业的范围不仅限于技术密集型产业，因为世界上很多国家特别是发展中国家，大量的文化产品为劳动密集型产品。例如，投资传统民间手工艺有利于女性手工业者获得支配自我生活的权利，并为家庭创造收入，对那些收入机会有限的地区而言尤其如此。同时，文化产业从根本上来说是城市基础设施中能够吸引流动性专业劳动力的部分，它为人们日益重视精神文化生活找到了出口。文化产业不仅通过创造价值来驱动增长，还成为整体经济内部创新体系的关键元素。文化与经济两方面属性的结合赋予了文化产业独特的面貌，所有这些生产领域都具有重要的经济价值，并且含有深刻的社会和文化意义。

为了对文化产业的结构特点有系统的认识，目前已开发出多种不同的研究模型。表 2–1 为这些模型的信息，涵盖“文化产业”的定义使用，体现了文化产业研究的广泛性和多样性。文化产业涵盖了现代经济社会中所有为消费者娱乐消遣、点缀装饰、自我肯定和社会展示等需求服务的部门，它具有很高的象征性价值（与功利性目的相对）。当今的城市与区域经济中含有一类较大的文化经济成分——这一成分在那些具有自身逻辑和趋向的部门显而易见，如集聚现象和对非交易相互依赖和隐形知识的依赖。

表2–1　文化创意产业不同分类系统

<table>
<tr><td>英国文化、媒体和体育部（DCMS）模型</td><td colspan="2">广告、建筑、艺术品和古董市场、手工艺品、设计、时尚、影视制作、音乐、表演艺术、出版业、软件、广播电视、电子游戏</td></tr>
<tr><td rowspan="3">符号文本模型</td><td>核心文化产业</td><td>广告、电影、互联网、音乐、出版业、广播电视、电子游戏</td></tr>
<tr><td>外围文化产业</td><td>创意艺术</td></tr>
<tr><td>边界文化产业</td><td>消费性电子产品、时尚、软件、体育</td></tr>
<tr><td rowspan="4">同心圆模型</td><td>核心创意艺术</td><td>文学、音乐、表演艺术、视觉艺术</td></tr>
<tr><td>其他核心文化产业</td><td>电影、博物馆和图书馆</td></tr>
<tr><td>更广泛的文化产业</td><td>遗产服务、出版业、录音、广播电视、电子游戏</td></tr>
<tr><td>相关产业</td><td>广告、建筑、设计、时尚</td></tr>
<tr><td rowspan="3">世界知识产权组织（WIPO）版权模型</td><td>核心版权产业</td><td>广告、著作权中介团体、影视制作、音乐、表演艺术、出版业、软件、广播电视、视觉图形艺术</td></tr>
<tr><td>部分版权产业</td><td>建筑、服装业和鞋业、设计、时尚</td></tr>
<tr><td>交叉版权产业</td><td>空白记录材料、消费性电子产品、乐器、造纸、影印机及摄像器材</td></tr>
<tr><td rowspan="2">联合国教科文组织（UNESCO）统计研究所模型</td><td>核心文化领域内的产业</td><td>博物馆、美术馆及图书馆、表演艺术、节目、视觉艺术、手工艺品、设计、出版业、广播电视、影视制作、摄影、交互性媒体</td></tr>
<tr><td>广义文化领域内的产业</td><td>乐器、音响设备、建筑</td></tr>
<tr><td>美国艺术协会模型</td><td colspan="2">广告、建筑、艺术学校及服务、设计、电影、博物馆动物园、音乐、表演艺术、出版业、广播电视、视觉艺术</td></tr>
</table>

注　分类内容来源于《创意经济报告》（2008，2010，2013）。

对产业集聚现象进行研究的学科很多，如区域经济学、管理学、社会学等。虽然不同学科对集聚的关注焦点不同，但这些概念的含义是相似的，都是从地理位置、产业联系、经济外部性及社会文化等特征方面反映产业集聚的不同侧面。现有的文化产业经济通常是由活动“集群”构成的。“集群”指生产某一特定产品或服务的企业的局部集聚现象，这种集聚现象被看作发掘产业或地区天然优势，以提升创新和竞争程度的一种手段。这些企业比邻而居，导致了激烈的竞争、刺激了创新、增加了信息共享的机会、扩大了某项投入的总需求、降低了交易成本。

文化产业的集群是垂直分离的生产单元网络，能够灵活地应对文化商品和服务生产与消费的高度不稳定性及其中普遍存在的风险。这类生产网络能够促进拥有多样化技能和情感的地方劳动力市场崛起。在此类集群中，高技能和相对低技能的工人都可能被聘用，并主要参与项目导向型工作。他们多数是临时工、兼职工或自由职业者。这类市场通常都具有位置特异性，因为它们带有特定的传统、情感和规范印记。这些印记构成了地方“气氛”，反过来又能产生相对优势。同时，生产网络和劳动力市场运作相互结合，能够创造出一个强大的“创意场”，即一组能够激发和引导个体文化创意表征的地方关系。该创意场的构成包括企业网络及它们之间的相互关系，以及各类设施和社会先行资本，如学校、研究机构、设计中心等——为这些生产网络的创新能力提供补充或养料。把这些要素全部叠加在一起就形成了大规模的聚集过程。该过程正是文化创意地区产生的必要条件之一，反过来，这些聚集过程又能产生许多积极的外部效应。聚集经济效应对文化产业经济的重要性还可从共享（如基础设施）、匹配（如专门化的投入产出关系，或就业岗位与就业人员的匹配）及学习（如企业之间的信息交流）等角度来理解。

文化产业集聚现象还包括独立的产业区或产业园的兴起，最具代表性的是洛杉矶或巴黎等城市，它们专门针对不同的文化产品建立起各自的文化园区。与特定产品相关的小规模文化产业集聚现象也同样存在，如中国瓷都景德镇，此处地方性特征显得十分关键，因为特定的传统、习惯和技能为当地的产品增添了一种独特的气质，这种气质在其他地方只能被模仿却无法被完全复制。在这种情况下，地理位置既是产品的关键成分，又是真实性和象征性的一种保证。其重要性与日俱增，越来越多的地方正通过申请商标和地理标志证书等手段来保护其独特性。对发展中国家而言尤其如此，其面临的挑战在于如何使地方集聚的潜力得到充分发挥。

2.1.2 分工与集聚理论

分工和专业化这一对概念是经济学中最早进行研究的对象之一。一方面，分工是集聚的源泉，如果没有分工也不会存在集聚；另一方面，集聚是分工在空间维度上的一种组织形式，这种空间组织形式一旦形成，将进一步深化分工并促使分工利益的实现。分工与集聚是一种良性的动态循环过程，两者之间通过报酬递增与市场规模相互作用。亚当·斯密（Adam Smith）认为生产力的提高及劳动技术的熟练都是分工的结果，因此分工及专业化可以提高劳动的生产效率。他指出，市场交换促使了分工的出现，因此市场的大小对分工的影响至关重要。当市场规模过小，人们就不方便用自己的剩余劳动部分换取别人的劳动剩余生产物。并且，由于水运开拓了更广阔的市场，分工发展在沿海沿河一带更加迅速。阿林·杨格（Allyn Abbott Young）曾高度评价斯密定理，并进一步完善和发展了 Adam Smith 的思想。Young 指出，分工使原本很复杂的生产过程分解成为可以相继完成的简单过程，某些相对简单的生产步骤从某种程度上促成了机器的采用。在这个过程中，分工又进一步发展了，并同时受到市场范围的限制。因此，人们把劳动分工决定市场规模同时又受制于市场规模这个定理称为“杨格定理”。Young 在 Adam Smith 的分析基础上，进一步深化了生产组织内部分工的动态演进过程。同时指出，分工动态演进从客观上促进了对生产组织要求的提高。

刘易斯（Lewis）和古斯达禾（Gustav）等人认为从传统的经济学发展眼光来看，发展是农业部门的剩余劳动力向工业部门转移的过程，农业产出和劳力有足够的剩余是这过程的必要条件。库兹涅茨（Kuznets）和切纳里（H.B Chenery）也提到任何经济结构的演变都是以人均收入的增加为基础的。新兴古典经济学证明，分工的充分发展才是经济结构转变的必要条件，转变经济发展结构、促进经济增长的关键问题是分工演进的快速发展，而不是剩余劳动力，而人均收入的增加等现象只是分工演进的表现方面。随着经济的发展，分工和专业化进一步深化开始出现地域分工，地域间的不同要素禀赋和资源是出现地域分工的主要原因。所谓地域分工，是社会劳动分工在空间上的一种形式，而地域分工的具体表现是地方专业化。禀赋差异的两地区导致地域分工，同时地域分工又促成两地区生产专业化和地区间的贸易发展。

Adam Smith 认为，分工可以提高生产效率、促进国民财富的积累。作为经济生活的核心现象和基本原则，分工的实现也需要借助一定的组织形式。这种组织形式不仅可以降低分工扩大过程交易费用的递增从而促进分工的进一步扩大，还可以进一步深化分工的效果，而市场和企业作为最基本组织形态都可以保证分工利益得以实现。当然，除了这两种最基本的组织形态，因中间性组织在配置资源上兼具企业和市场的双重优点，是分工组织更为一般的形态。

正如资源在空间上有配置问题，经济活动在空间上有区位问题，分工也有空间因素。从空间视角出发，当大量企业在空间市场上出现聚集，这种中间性组织也就是分工的一种空间组织形态。藤田（Fujita）和莫里（Mori）指出作为空间经济学的代表，新经济地理学主要目的是在空间地理中对经济活动的聚集形式进行解释。利用一般均衡理论框架，对空间因素下的各种不同规模、不同形式的经济活动进行研究和解释，同时对经济的增长规律与增长途径进行探讨是新经济地理学作出的最重要贡献。Krugman作为新经济地理学的开创者从理论上解释了空间流动性问题，并和藤田昌久共同完成了对D–S模型在空间意义的深度解释。但新古典经济理论模型中因其要素不完全流动无法说明完全竞争假设和规模经济之间的矛盾也被部分学者诟病。1990年，Krugman、藤田昌久借助萨缪尔森（Samuelson）的“冰山”原理、博弈论和计算机等分析工具并利用垄断竞争模型，同时将区位因素纳入经济理论分析中来，使区位理论获得了发展。区位理论朝着两个方向发展：一是继续研究区位论的传统问题；二是以区域禀赋优势利用及区域经济增长问题为研究对象。Krugman认为，生产在空间上的集中是经济活动最突出的地理特征，而其实现基础是随之递增的规模收益。分工与集聚之间是通过报酬递增而实现两者的内在联系的：分工是报酬递增的基础，报酬递增通过集聚这一空间组织形态得以实现，而报酬递增反过来又是集聚得以形成的重要起因。分工受限于市场规模的大小，集聚可以扩大市场的广度、增加市场的深度，从而拓展市场范围，所以集聚是分工利益在空间上的实现。分工与集聚彼此促进，是一种良性的动态循环过程。

除了报酬递增，还需要了解与集聚密切相关的另一个基础概念——外部性。传统经济学理论以完全竞争和规模报酬不变为前提，认为当区域间基本差异不大时，经济活动将按空间均匀分布。但是在现实中，空间上高度集聚的经济活动却时常出现，新古典经济学称这种集聚现象为“外部经济”。换言之，当产业在空间上的集聚用自然资源无法解释时，就是所谓的外部性所致。Alfred Marshall 也早就论述了企业空间集聚的原因是因为能够从中享受到外部经济效益。在这里他强调了金融外部性与知识或技术外部性对经济活动中集聚的共同影响作用。需要注意的是，如果没有劳动分工也就不存在外部性，外部性是来自分工和专业的不断深化。因此，分工才是集聚的根源，而集聚则是分工在空间上的组织形态。

2.1.3　产业组织理论

产业组织理论是以市场构造、市场行为、市场绩效为研究对象，对组织内部经济活动的内在规律进行分析，为经济活动的参与者提供决策依据的一门微观应用经济学理论。一直以来，人们对资源配置的认识都是建立在 Adam Smith 的市场机制基础上的。他认为，只要满足完全竞争的条件，市场价格是实现资源优化配置的最合理导向，在不受其他因素影响情况下，资源的流动只有到各部门的利润实现均衡化才会停止。生产者只要做到在边际成本等于边际收益的条件下进行投资和生产，就可以在最低成本下获得最佳的产值，而社会对产品的整体需求正好等于产品的供给总量从而可以实现消费者剩余最大化。换言之，在完全竞争市场条件下，实现资源配置的最好方式就是市场本身发挥的机制，对市场行为进行人为干涉是完全没有必要的行为。产业组织理论最早是在 20 世纪 30 年代的西方发展起来的，最先提出“产业组织”概念的是 Alfred Marshall。他在《产业经济学》一书中第一次定义了产业组织，即产业的内部结构。这个内结构包括企业内部组织、一个产业内部的企业和企业之间的关系、产业之间的关系及企业和国家之间的关系等。Marshall 在研究收益递增的时候发现，规模经济与产业组织息息相关。在 Marshall 看来，自由竞争推进了生产规模的扩大从而形成规模经济，在提高了产品市场占有率的同时又导致了垄断的出现，而当垄断发展到一定阶段后必然会阻碍竞争，造成资源的不合理配置。因而，如何平衡规模经济与自由竞争的关系从而获得最高生产效率便成了一个社会经济难题，也称“马歇尔冲突”。

19 世纪后期的美国，寡头垄断化和巨型拖拉斯的出现导致价格飙升，扼杀了企业活力。面对产业的垄断化，钱伯林（E.H.Chamberlin）、琼·罗宾逊（Joan Robinson）发表的《垄断竞争的理论》和《不完全竞争的经济学》中指出产品间的差异性导致现实中的市场结构常常并不是处于完全竞争而是垄断竞争，这个理论就是当时影响深远的垄断竞争理论。在垄断市场结构下，垄断者拥有价格决定权这一市场力量，单纯靠市场机制的自发作用是无法实现资源的最优配置的，因此只有当政府对垄断行为进行人为干预时，才能保证市场的合理竞争。垄断竞争理论的提出使得对寡头垄断市场、垄断性市场竞争行为用经济学方法进行分析成为可能，但是还未形成一套完整的理论分析模型。直到 20 世纪 50 年代，贝恩（Bain）将统计的实证分析加以验证的方法用于垄断经济关系分析。分析显示：产业集中的程度越高，进入壁垒越高，企业就会合谋提价，从而实现产业的高利润，此现象称为“共谋假说”。Bain 认为，买方与卖方的集中度、进入壁垒的产品差异化的程度、各类生产和流通阶段的纵向统合程度等市场构造上的特征决定了企业的价格决定、设备投资等市场行为；而市场行为又可以决定利润率、资源配置效率指标等市场成果。这种“结构—行为—绩效”之间的因果关系可以理解为“市场构造（Structure）市场行为（Conduct）市场绩效（Performance）”，简称 SCP 分析范例。经济学者把对这三者关系的分析理论称为古典产业组织理论，同时也称哈佛学派产业组织理论，成为产业组织早期研究理论的基本框架。按照 SCP 分析范例，行业中的垄断企业总倾向于提高产品价格、设置壁垒从而获取垄断利益导致资源的非效率配置。因此想要市场绩效更加理想，政府必须通过制定公共政策对市场中的垄断行为进行干预，调整不合理的市场结构，限制垄断以保证市场的合理竞争。

20 世纪六七十年代，美国经济大幅下滑，重视传统微观经济学观点的芝加哥学派把原因归咎于哈佛学派的反垄断政策主张。芝加哥学派认为，首先，如果相互竞争的企业生产的产品是具有差异化的产品，那么企业之间的成本也是有差异的，而 Chamberlin 却假设竞争企业的单位成本是一致的，所以在垄断竞争理论中的关于下降的需求曲线的分析在理论上是不合理的；其次，把企业规模的提升等同于垄断势力的扩大同样也是不合理的，因为技术因素和规模经济两者的内在要求都可以决定企业提高集中度和扩大规模；最后，芝加哥学派认为 SCP 分析范式过于单一化，现实中这三者之间是双向的、相互影响的多重关系而不是单向的因果关系。芝加哥学派的布罗曾（Brozen）证实，因为在现实经济活动中存在利润均衡化倾向，Bain 的实证结果一般不成立。此外，芝加哥学派的德姆塞茨（Demsetz）提出效率性假说，把不同规模企业的利润率和产业集中度的关系进行分析，认为高的产业利润率是效率相对高的企业自我实现的高利润率和高成长，跟哈佛学派提出的共谋假说无关。因此，芝加哥学派认为分析产业组织问题要以完全竞争理论为基础。例如，企业规模扩大和资源配置之间的关系就可以用规模经济理论来解释：根据规模经济理论，当企业提高技术水平，规模经济范围逐步扩大，成本也会随之降低，这不仅不会造成资源的浪费，相反还会提高资源的利用率。关于企业规模和竞争度的关系问题，芝加哥学派认为，只要有潜在的竞争者可以完全无障碍地进入或退出市场，那么该产业的垄断者就会面临潜在竞争者的竞争压力，迫使企业对定价和产量的选择处于一种“无显著超额利润的均衡约束下”。基于上述分析，芝加哥学派认为企业是否扩大规模或提高集中度不是判断其是否是垄断企业的根据，不能对所有大型企业都无差别地实行反垄断政策，而是应该以该企业的绩效为标准。

哈佛学派与芝加哥学派之争对此后陆续出现的新产业组织理论影响极深。博弈论、信息经济学、合同理论等新的理论分析工具不断产生，对非完全竞争市场条件下的共谋、产品差异化等产业组织理论中重要的焦点问题在理论上都进行了分析扩展。此外，将发展了的产业组织理论用于特定产业的计量经济学实证分析，促使新实证产业组织论的产生。新产业组织理论同芝加哥学派一样，对强调控制集中度以保持适度竞争的哈佛学派观点持否定态度，但对决定企业规模的因素却和芝加哥学派的解释不同。事实证明，所谓平均成本最低的产出也是指一系列的产出量而不是一个，因此技术成本情况对企业的适度规模边界并不能完全解释。而且，如果技术是企业规模的决定因素，小企业会因技术无法赶超大企业导致无法生存。但现实情况是，市场上大企业和小企业总是并存状态，仅单单技术这一因素不能解释企业规模。芝加哥学派用“完全竞争理论”完全否定“垄断竞争理论”具有片面性。在现实中因为信息的不充分和外部性等因素，企业不可能在完全无障碍的条件下进出市场，这些都会对市场均衡的实现产生影响，所以完全竞争理论不能对政府的放松管制政策提供充足的理由。由于人类行为具有复杂性和不确定性，交易双方起草制订契约并对契约进行监督和执行就成了一种必要，随着市场经济活动的展开，交易费用就此发生。当企业间交易费用过高时，交易双方就会倾向联合兼并，这样企业的规模和边界就会扩张；反之当企业内部的交易成本过高时企业就会缩减其规模。经济活动中，企业组织和市场机制共同对资源进行配置，两种治理结构究竟如何均衡，寻找一种合理的结合方式是研究企业的适度规模问题的重要目的。

在产业组织理论的研究方法上，新产业组织论者还提出，市场经济活动者的行为不确定性很强，要对交易者行为属性进行深入研究才能从根本上了解产业结构变化的原因，因此新产业组织理论采用了推理演绎为主的研究方法。但因为实证数据的缺乏，该研究方法同样受到了质疑。直至 20 世纪后期，计算机和网络技术的进一步发展在一定程度上弥补了以往实证研究数据获取方面的不足，使分析结果更具说服力。

2.2　绿色经济效率相关内涵及理论

在全球生态问题和经济下行压力背景之下，各国都在探索可持续包容的发展路径，旨在通过制度的创新寻求绿色增长方式可根植化的保障。近年来，“绿色经济”在学界和实业界受到广泛关注，但对这一概念的界定并不清晰。本节把绿色经济概念变迁分为三个阶段进行梳理，并重点对以效率为导向的绿色经济发展理论进行分析，以期寻找合理引导可持续发展政策的绿色经济效率理念。

2.2.1　绿色经济的内涵及发展

在生态环境问题已上升至全球问题的今天，联合国环境计划署（United Nations Environment Programme，UNEP）提出“全球绿色新政”倡导通过政府强化对绿色产业的投资力度，从而促成新的产业革命。然而，在绿色经济已经成为席卷全球的变革浪潮的同时，“绿色经济”仍属于一个持续变化的开放性概念。由于绿色经济概念的不断变化和界限的模糊，国内学术界对绿色经济的理解，存在着误读和滞后。因此，本文认为有必要对绿色经济的内涵及其演变进行分析和理解十分有必要。

绿色经济的概念是随着时代而变迁的，并非一成不变。随着社会经济的发展变化，以及人们对绿色经济理论认识的加深，在不同的历史时期，绿色经济也有着不同的含义。从整体来说，绿色经济概念的演变可以分为三个不同阶段：第一个阶段是面向生态系统的绿色经济。在整个 20 世纪 90 年代，绿色经济一词主要还是运用于环境经济学，它的核心问题是如何用环境经济政策消除市场的负外部性及治理环境的问题。整体来看，此阶段概念仍然处于模糊时期。第二阶段是以经济—生态系统为导向的绿色经济。在这一阶段，对经济系统的整体转变研究是绿色经济概念的观注重点。总体来说，绿色经济概念发展的第二阶段将经济系统目标与生态系统目标相结合，出现了革命性的经济发展变化萌芽，已经触及经济发展方式的中心，但系统性的理论建构还不足。第三个阶段是经济—生态—社会系统视野的绿色经济。2010 年，绿色经济成为联合国可持续发展大会上的主题词之一，这标志着绿色经济已作为核心要素位列于可持续发展战略中。UNEP 对绿色经济的定义是能带来人类幸福并能促进社会公平改善生态的经济。第三阶段的显著变化是其发展目标涉及人类的发展和社会公平。

综上所述，绿色经济概念的演变是一个随着社会经济的发展及经济发展方式的转变而不断深化的过程；是从开始的生态环境修复到应对金融危机，再到最后的人类发展模式变革转变的过程。在此必须指出的是，绿色经济概念的变迁并不是指在演变的某一阶段中只有一种绝对模式的理论，这样划分的目的更多是为了强调在这一时期绿色经济概念的关键性特点，目前我们对绿色经济概念的理解就是在三个不同阶段理论基础上共同演进的结果。

2.2.2　效率为导向的绿色经济

最新倡导的发展绿色经济的方法可以分为三种价值维度，分别是效率、规模、公平三种导向。其中，以效率为导向的绿色经济理论仍然占据着主导地位。这一导向下的绿色经济发展主要侧重于通过提高经济的效率来解决发展中的资源环境问题，强调经济系统效率的提高。其核心是在实现经济增长的同时，推动资本从高投入、高排放和低产出的产业部门流向低投入、低排放和高产出的产业部门，实现经济结构的转型发展。

效率导向的绿色经济，其核心是效率。绿色经济效率（Green Economic Efficiency，GEE）是一种在考虑环境资源代价下的综合经济效率指标，在国内外经济效率评价中已经得到广泛应用。这一经济效率指标的确立弥补了以往主要考虑生产要素投入的增加，而不考虑环境资源成本实现经济增长的传统经济效率的不足，促进国家地方经济发展绩效评价更加合理。以效率为导向的绿色经济理论研究倾向于用经济的绿色化来提高经济系统的效率，包括市场外部性成本的内部化、调整国民经济结构大力发展绿色产业、提升绿色经济效率的路径研究以及改革国民生产总值的核算方式，如绿色经济效率的测度研究。这一导向下的绿色经济更加注重经济结构的调整、产业政策和资本的流动效应。除了强调经济产值中资源利用的低强度，对宏观的反弹效应也开始重视。

以效率为导向的绿色经济的发展理论延续了弱可持续性理论的核心观点，即允许不同类别资本之间的相互替换。弱可持续性和强可持续性是一直存在的相对立的两种范式，两者最根本的区别是人造资本能不能完全替代自然资本，也就是说两者之间的关系究竟是不是替代互补。弱可持续性理论认为，自然资本和人造资本的物质资本本质相同，它们之间是一种完全替代关系。与认为自然资本不可再生的强可持续理论相反，弱可持续坚持只要用于人类发展的各类资本的总存量维持在一个相对合理的水平上，修订传统的经济度量指标就可以实现和衡量可持续发展。

基于自然资本是可以取代的前提假设，弱可持续理论是新古典经济学资源最优化的分析典范。从古典经济学的立场出发，对自然资源的占有率和利用率决定了经济的增长速度。工业化以后，现代经济增长理论中特别强调自然资源的有限性，因此想要保持经济的可持续增长必需最大程度地发挥人造资本对自然资本的替代作用。弱可持续的发展观点认为，发展经济能够促进资源和环境向好，不断增长的消费能补偿资源总量的流失和对环境造成的污染。如果通过技术和科学的发展进步，单位产出所需的资源量就会降低，同时使资源的开发和利用更合理更便宜，就会使得该资源在经济上变得更加合算，因此他们对发展经济持赞成的观点。2003 年世界银行也在世界发展报告中指出，小规模生产中所消耗的多数自然资本都具有相对较高的可替代性。

需要注意的是，我们对绿色经济效率的核算并不完全等同于弱可持续性。技术的提升有可能在一定时间内对资源的潜在可替代性起到继续的推进作用，但这种可替代性也存在不可避免的局限性：绿色经济效率作为一种弱可持续核算，核算的数值结果是减去自然资本消耗值后的人造资本增加值，但是对于那些自然资本中的关键资本，这种核算方式的科学性就会受到质疑，比如对于全球的生物支持系统等重要的环境性服务，就存在资本的替代弹性为零且不可逆的特点。这类关键自然资本的替代品或潜在的解决方案目前还并不明确，因此对于那些不需要加工转换便消费掉的资产更需要维持在充足的水平之上，尤其是这些不可替代的资源可能会对代际公平产生影响的时候，更应该引起重视和谨慎对待。总体来看，弱可持续性是占据西方可持续性经济学主导地位的经济增长理论，同时也是一种乐观的可持续发展观。

2.2.3　环境公共物品及外部性理论

在经济学中，环境被看作提供一般服务的基础性财富，同时又是一种相对特殊的公共物品。因其具有共同消费和非排他性的公共物品特点，它无法像商品一样在市场上定价交易，传统经济学中的市场无法反映其价格，因此环境属于一种非市场物品，因而这一特殊商品也容易产生所有公共品共有的外部性和“搭便车”问题。稀缺有限的资源用于生产什么、怎样生产和为谁生产，这是任何一个社会都必须面对的资源配置问题。除了传统意义上的生产要素，自然资源也是有价值的、稀缺的，那么自然资源的优化配置问题同样也需要纳入其研究范畴。

Adam Smith 认为，在市场经济中，每一个个体在追求其自身利益的同时，常常促进了社会的利益，虽然这有时也并非其本意。这种乐观态度从某种程度也催化了经济自由主义思想。

外部性理论的概念一般认为是由新古典经济学家 Marshall 在 1890 年最先提出的。Marshall 在分析企业运作时提出了“内部经济”和“外部经济”两个全新概念。Marshall 指出，当企业因扩大产品生产规模产生了经济效率的提高，我们可以将其分为两类：一种是行业中个别企业本身的高效率带来的经济；另一种是有赖于该行业中众多类似性质的小企业在特定地理位置上的集聚。我们可称前者为内部经济，后者为外部经济。也就是说，内部经济是企业内部分工效率的提高，外部经济是企业间分工效率的提高，在他看来，依靠市场配置资源就完全可以实现帕累托最优。

在外部性的提出上，剑桥学派的西奇威克（Sidgwick）同样起到举足轻重的作用。Sidgwick 在其 1883 年出版的《政治经济学原理》一书中指出，个人拥有的财富和他对社会做出的相应贡献往往并不一致。他虽然没有明确提出外部性问题，但他已经认识到私人产品与社会产品的不同，这种差异正是我们所研究的外部性。Sidgwick 针对穆勒提出的“灯塔”问题进行了扩展探讨：假设某个人因为其个人利益建造了灯塔这一公共物品，在获得自身利益的同时也服务了广大民众，因建灯塔者不可能向所有因灯塔获利者收取费用，得到灯塔服务的人并没有付出相应的成本。而有些情况正相反，人们也常会额外负担一些为了满足他人获利而产生的货币或精神成本，而这部分成本是无法获得补偿的。因此 Sidgwick 提出外部性问题是需要政府进行干涉才能得以解决的。

在 Marshall 和 Sidgwick 开创性研究的基础上，庇古（Pigou）提出了私人边际成本、社会边际成本及边际私人纯产值和边际社会纯产值等概念，静态技术外部性相关基本理论在此基础上形成。和 Sidgwick 不同，Pigou 认为边际私人纯产值不等同于边际社会纯产值，因此，完全依靠市场的帕累托最优是不可能实现的。

在实际的经济活动中，私人边际成本和私人边际收益与社会边际成本和社会边际收益并不是完全等同的。例如，自然资本因其具有公共物品和外部性的特征，这使得社会和私人的边际成本和收益存在不一致。这些不一致 Pigou 用灯塔、交通等例子来反映说明即外部性。针对经济社会中出现的这种外部性，经济学家们主张通过征税等政府干预手段来解决这种市场失灵问题。Pigou 认为，市场并不是时时刻刻都能完全有效地发挥其机制作用，因此，“庇古税”成为政府对经济进行干预的有效措施，同时也是资源配置理论在西方可持续性经济学中的来源。

外部性导致资源最优配置无法实现，因此需要实现外部性内部化。可持续性经济学认为，人类的经济活动对自然资源和环境造成的影响同样也会影响后代人的福利。伯格（Bergh）指出，发展不可持续的根本原因就是环境的外部性，也是可持续性经济学研究的核心。

Young 在其著作《收益递增与经济进步》中对动态的外部经济思想进行了系统性的论述。Young 在文中指出工业规模的扩大即动态的外部性，生产的扩大促使产业内部劳动分工的扩大和细化，出现了新厂商，而其中的一部分厂商为其他厂商从事开发或服务的经济活动。与产业内对厂商和产业的分析不同，该思想是与货币外在经济有关，这也成为发展中国家“平衡增长”学说和“联系效应”学说的由来。

从整体看来，第二次世界大战后，外部性理论研究主要沿着三条路径演化：

①以 Pigou 的研究思想为代表的，对具有相互依赖关系的生产者的联营、污染等外部不经济问题特别是环境外部性问题进行的深入探讨和研究。

②针对外部不经济问题，提出的多条“内在化”途径。除政府干预措施外，罗纳德·哈里·科斯（Ronald H. Coase）提出了明晰产权的思路。他指出在经济活动中产权问题的重要性，认为市场是对外部性问题的最有效手段，并不需要政府采取任何干预手段。

③以 Marshall，尤其是 Young 关于规模经济的思路演译。约翰·奇普曼（J.S.Chipman）在其著作《规模的外在经济与竞争均衡》中创立了具有外部性效应的竞争性动态均衡模型。

基于经济学家们的努力及当今的经济发展趋势，在现代经济学研究中，外部性理论研究已成为一个新热点。无论是对外部性内涵的阐释还是对外部性矫正和内部化的研讨，环境与发展这一世界主题始终是与其联系在一起的。

2.2.4 库兹涅茨假说

环境库兹涅茨曲线（Environmental Kuznets Curve, EKC）假说体现的是一种经济与环境之间相互关系的假说。可持续发展理论特点是弱可持续理论认为，经济增长对环境的损害并不是必然的或不可解决的，相反，减少贫困对保护环境有益无害。在可能对环境带来潜在影响的研究中，EKC 的概念表明经济发展水平与环境质量之间是一种倒 U 形关系，即当经济处于发展初期时，环境问题随着经济发展的提高而恶化，而当经济的发展到达一定程度水平以后，环境问题便会随着经济水平的提高得到改善。该概念与可持续发展理论的本质观点相一致。

1955 年，Kuznets 首次提出“倒 U 假说”，即收入差距与经济增长之间存在倒 U 形关系，这种倒 U 形关系曲线称为库兹涅茨曲线。当时的环境保护主义者十分担心北美自由贸易协定（North American Free Trade Agreement，NAFTA）在大力促进经济增长的同时会恶化墨西哥的环境。格罗斯曼（Grossman）和 Krueger 利用多核模拟器（General Execution-driven Multiprocessor Simulator，GEMS）提供的烟尘和悬浮颗粒物（Suspended Particulate Matter，SPM）数据对世界上多个城市大气质量进行了统计，实证分析了城市的环境污染水平与当地人均收入之间的关系。分析发现，污染物的浓度随人均收入的递增呈倒 U 形关系，这个关系与库兹涅茨曲线类似。他们将这种反映环境和收入关系的倒 U 形曲线称为环境库兹涅茨曲线

（EKC），如图 2–1 所示。因此，Grossman 和 Krueger 的研究得出的结论是：与人们担心的相反，环境质量会随经济的发展而改善而非恶化。

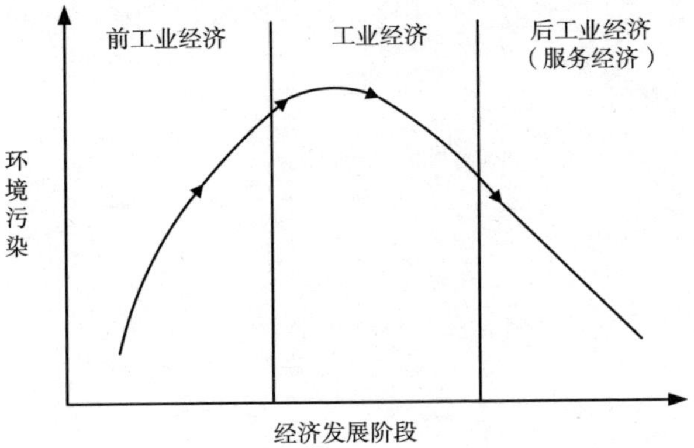

图2–1　环境 Kuznets 曲线：经济发展阶段与环境❶

❶ 资料来源：Kuznets S. Economic Growth and Income Inequality[J]. American Economic Review. 1955。

第3章　文化产业集聚对绿色经济效率影响的理论分析

3.1 文化产业集聚的形成

3.1.1 文化产业集聚的形成——基于分工理论的分析

文化产业的形成具有其特定要求，作为下游高端服务业，在文化产品消费需求多样化、创新难度不断增加的前提下，文化产业要产生规模集聚效应，必然会由垂直一体化的企业分工形式逐渐转变为垂直分离的企业间专业化分工形式。通过转变，文化产业在分工后可以获得因此而产生的规模报酬，同时，企业的专业化分工也可以降低企业间相关交易费用，进而降低文化企业的生产成本。

20世纪初期人民群众文化消费需求迅速提高，直接促使了文化产业萌芽的出现。在萌芽阶段，消费者对于文化消费的需求较为单一，因此文化生产企业的生产目标仅仅是满足现有的文化产品基本需求，企业在生产过程中关注的是产品的利润与产量，不需要为了避免同质化竞争而进行产品创新。为了扩大自身的生产规模同时降低产品的平均成本，企业采用高度垂直的组织形式进行生产，进而达到文化产业的整体规模经济。随着居民文化需求的多样化，消费者不再满足于单一的文化产品，转而要求更加符合自身个性化需求的产品，文化产品质量提升已迫在眉睫。企业凭借自身的技术与生产能力逐渐无法应对多元化的产品需要，因此垂直分离的分工生产成为文化企业的转型方向和重心，基于价值链的分工合作让文化需求的多元发展可以得到迅速的满足，企业间的分工形式逐渐发展成为文化产业产品生产的主流形式。

文化产业的企业进行基于价值链的分工合作，会产生知识与技术溢出和市场外部性。其中，知识技术溢出是指文化企业间进行商业交流，将创新技术和产品的知识进行传播，引导企业通过技术进步带来生产函数的改变，实现知识技术的创新在生产活动中的外溢；而市场的外部性是指文化企业将生产所需的劳动力市场和本地市场的需求进行关联。文化产业集聚可以通过这种专业化分工获得技术溢出和市场外部性，从而让文化产业达到规模经济实现规模报酬递增。文化产业集聚的另一优势在于，可以将技术溢出转化为在产业集聚中的企业所具有的竞争优势。文化产业集聚的这种外部性和规模报酬递增优势，正是专业化分工形成集聚的最初动力。

文化产业的专业化分工会产生大量的交易成本。与其他产业不同，其特殊的创意型产品是企业间的交易对象，其资产形式也具有特定用途。交易成本高的另一个深层次原因在于，文化产业的产品进行创新的过程是阶段性的，这需要大量的短期团队配合协作，在产品项目结束后，创新研发团队也宣告运作结束。由于产品需求的独特性，这种频繁的研发交易行为并不能形成常态化机制，交易成本也因此被大幅提高。而文化产业集聚会使得企业间的距离变得更加亲近，同时可以形成良性合作机制增加社会信任，这样文化产业企业间的交易不确定性就会因为信息不对称的程度降低而降低，逆向选择问题和道德风险问题也会因为机会成本的减少而减少到最低程度。因此文化产业集聚在价值链分工下可以提高企业生产效率，促进企业比较优势的最大程度的发挥。文化产业组织分工发展到垂直分解的专业化分工阶段，比较合理地解决了交易成本的上升问题，同时发挥了规模经济的比较优势。文化产业集聚正是通过这种形式提供了对企业来说最有效率的组织分工安排。

综合分析，文化产业集聚形成和发展是根据价值链垂直分解的分工演变而来。具体机制如下：人民群众对文化产品的需求从最初的单一化需求过渡到多元复合型需求后，要求文化产品市场更加创新和协作。文化企业为了生产符合需求的文化产品，开始从垂直分工逐渐演变为灵活专业的垂直分解分工。在企业间进行分工得到规模报酬增加和知识技术的外溢以及市场外部性的同时，也让企业的交易成本逐步变大。为了解决这柄“双刃剑”，文化企业逐渐通过专业化分工发生产业集聚，以保证分工收益的同时减少交易成本。与此同时，文化产业集聚也可以带来交易效率的提高，促进了深化分工。这种分工收益和规模报酬递增的正反馈，使得文化产业集聚达到分工和产业分布的均衡状态。

3.1.2 文化产业集聚的形成——基于组织效率的分析

在上一节基于分工理论对文化产业集聚的优势进行了分析，本节拟根据已有研究成果，从产业组织效率的视角，对文化产业集聚的形成过程及其必然性进行讨论。本节将建立两企业分工生产模型进行分析。

（1）基础模型

在一个封闭的两文化企业生产模型中，文化企业 1 与文化企业 2 是仅有的两个文化产品生产者。假定两个企业存在生产链上的上下游关系。在生产系统中有两种产成品，其中产成品 a 也是产成品 b 的中间产品。每个企业生产何种产品及是否生产所有产品，均由企业根据需求自由决定。为保证分析的简便有效，在此设定两个文化企业对于文化产品的生产技能掌握程度是相同的。鉴于文化产品的生产过程与我们熟知的工业品和农业品不同，其产品的价值不是由其实体原材料的价格决定的，而是由文化产品本身附加的创意水平和人力资本投入程度决定的。因此本文在此设定，在考虑模型中的产品成本时，只考虑每个企业对生产技能的掌握程度变化，不考虑实际物质投入力度。在分工经济中，文化产品的产出水平与技术和创意密切相关，后文采用企业掌握的生产技术水平作为代表指标来衡量文化产业的产出水平，其中企业间的交易成本核算设定与交易量挂钩，并设定交易成本与交易量的比值区间范围在 0~1。

模型具体变量设定如下：在产业分工生产模型中，企业在文化产品的生产活动中掌握的生产技能水平用 K 表示。分别用 K_1 和 K_2 表示两个文化企业 1 与 2 各自掌握的生产技能水平。在分工生产设定下，生产收益是社会总生产水平与每个文化企业自给自足情况下的生产技能水平的差值。分工收益可以表示为：

$$K=K^S+K^G$$

其中：

$$K^S=K^S{}_1+K^S{}_2 \tag{3.1}$$

$$K^G=K^G{}_1+K^G{}_2$$

在上式中，K^S 表示在专业分工共同生产下，两个文化企业掌握的生产技术总量。$K^S{}_1$ 表示文化企业 1 专业生产产品 a 所掌握的专有技术水平，$K^S{}_2$ 表示文化企业 2 专业生产产品 b 所掌握的专有技术水平。K^G 表示在不进行分工的情况下，两个文化企业所掌握的生产技术总量，$K^G{}_1$ 表示在上述情况下文化企业 1 同时生产产品 a 和产品 b 所掌握的共有技术水平，$K^G{}_2$ 表示文化企业 2 同时生产产品 a 和产品 b 所掌握的共有技术水平。

在没有专业化分工的情况下，每个企业为了满足市场需求，需要同时掌握生产产品 a 和产品 b 的技术，即 $K^G{}_1$ 与 $K^G{}_2$，且无法掌握生产 a 与 b 的专业化技术，即 $K^S{}_1$ 与 $K^S{}_2$。在专业化分工的情况下，假定文化企业 1 只进行产品 a 的专业化生产，文化企业 2 只进行产品 b 的专业化生产。做此设定的原因在于，每个企业只生产一种产品可以保证企业集中力量去掌握某一种产品的专业化生产技术，即 K^S。本文设定在专业化分工的情况下，企业 1 和企业 2 可以通过"干中学"，掌握专业化生产产品 a 与产品 b 的专有技术，即 K^S_1 与 K^S_2。由于专业化分工可以提高企业的生产技能获取水平，因此本文设定 $K^S \gg K^G$，$K > 0$。

本文中关于企业的设定都是"理性经济人"，企业间进行专业化分工的目标一定是企业收益最大化。要求企业的分工模型求解目标为分工收益的预期分配合理化。本文借鉴约翰·纳什的议价模型对每个企业在专业化分工下的收益进行分析。设在专业化分工下，文化企业 1 的收益为 θ_1K，文化企业 2 的是收益为（$1-\theta_1$）K。对文化企业 1 而言，要在分工经济中获得最大化的收益，必须提高收益比例 θ_1，文化企业 2 会因此而减少分工收益的获取比例，进而降低分工生产的意愿。文化企业 2 获得收益的比例（$1-\theta_1$）可以被视为文化企业 1 实现分工收益 θ_1K 的概率。则文化企业 1 的分工收益的期望可以被表示为：$V=\theta_1(1-\theta_1)K+0\times(\theta_1)$。其中，加号左边是文化企业获得分工收益概率，加号右边的 θ_1 是文化企业无法实现预期分工收益的概率。因此，V 正是企业的收益加权期望。从理性经济人出发，分工收益最大化是两个文化企业的共同目标。因此分配比例 θ_1 由下面的最优化问题决定。

$$\max V=\theta_1(1-\theta_1)K \tag{3.2}$$

$$\text{s.t. } 0\leqslant\theta_1\leqslant1$$

解得：

$$\theta_1=1/2$$

上述简单分析证明，只要信息完全，文化企业在进行议价模型中最终会达到均衡状态，即双方在分工上可以达到均匀分配。这一结论也被杨小凯扩大了适用范围，即证实了动态模型中即使存在信息不对称问题，只要专业化分工的收益足够大，分工模型中的各参与者均可以获得均等的收益。

（2）分工模型的组织效率分析

在本文的分析中，分工模型中的组织效率指上文所述的收益去除分工成本后的净收益，故组织效率用净收益来衡量：$L=K-C$。其中 C 为分工带来的成本，具体表示企业间组织分工工作所必须承担的固定成本。

对于企业来说，其分工成本是指企业间因分工而产生的交易成本，如信息获取、沟通、交易确定与审计成本等。其中，外生交易成本是指企业双方在完成某个交易中发生的各项必要支出，诸如运输、通信和协调成本等。如上文所述，该交易成本与交易量挂钩，并与交易量成比例增加。对于特定的一项交易而言，外生交易成本固定不变，记为 C_0。内生交易成本与外生交易成本不同，指交易双方企业在交易过程中，利用本企业的特有资产来向对方要价，进而产生了分工收益争夺，在此过程中产生的资源和收益的内耗。内生交易成本可以被假定为分工模型中的总分工收益的固定比例值，即：$C_E=\omega K$，其中 ω 为内生交易成本的比例系数。综上，纯市场组织条件下的组织分工总成本为 $C=C_0+C_E$。

鉴于本文所讨论的企业组织和其他企业组织有所不同，特点在于文化企业的产品特色以创意为主，而创意的价值受市场影响较大，因此其收益非常难以准确量化。因此，如果文化企业利用纯市场机制来进行文化产品交易，那么将面临巨大的议价成本。文化产业的这种特殊性要求文化企业相对其他企业类型更加关心信息与生产技能的学习。因此，在企业间互动时，具有不同产品创意的人力资本进行有效流动和沟通是分工模型成功的关键。而拥有较高人力资本水平的企业就拥有了分工中相对主导的地位，也会因此在企业间分工交易中产生机会主义行为，并会导致分工企业对总分工收益分成比例的争抢，从而产生大量的内生交易成本。

对分工模型中的纯收益 L 进行分解，则有：

$$L=K-(C_0+\omega K)=(1-\omega)K-C_0 \tag{3.3}$$

在本文的组织效率讨论中不考虑议价分工双方的实力强弱，仅对其做平均外部交易成本划分。因此，专业化分工能否成功取决于双方企业的净收益是否达到最大化。在分工均衡状态下，文化企业 1 与文化企业 2 必然有净收益 L_i 相同，也即分工收益相同：

$$L_1=L_2=\frac{1}{2}(1-\omega)K-\frac{1}{2}C_0=\frac{1}{2}(1-\omega)(K^S-K^G)-\frac{1}{2}C_0 \tag{3.4}$$

另一种企业组织形式是科层组织制企业，对于将不同生产环节全部整合到同一个组织内部的科层制企业来说，分工的成本就变成了企业内部管理成本，表现为企业内部监督成本，用 C_M 表示。文化创意在未来产生收入，利用企业自上而下的管理权威更能利于企业分工前将预期收益进行合理分配。这样处理可以最大化避免因议价而带来额外的成本。科层制企业将生产产品的共同技术外生，同时将需要利用人力资本水平较高的生产内部化，以降低内生交易成本。但是同时带来的另一问题是科层企业的内部管理成本大大增加。随着文化产品的创新不确定性增加，创意人力资本间的收益竞争也随之变大。随之而来的是企业在进行员工绩效评价上的难度加大。

科层制企业进行分工的条件如下：

$$L_i'=\frac{1}{2}K-C_M=\frac{1}{2}(K^S-K^G)-C_M\geqslant 0(i=1,\ 2) \tag{3.5}$$

在产业集聚发生后，企业的信息沟通、交通、分工谈判和审计监督等成本都可以降低。本文以 C_I 表示文化产业集聚后文化企业间的交易成本，则必然有 $C_I \ll C_0$；在产业集聚后的区域市场上，因为集聚内企业的距离被拉近，因而信息获取成本降低、信息不对称程度变小、交易发生的可能性变大，同时多主体的交易也开始发生。经过重复交易后，声誉机制也变得更为重要：良好的声誉可以降低因信息不对称形成的内生交易成本，也可以促使收益在交易各方的平均。用表示产业集聚后科层制组织的内生交易成本系数，与无产业集聚发生的纯市场组织的内生交易成本系数 ω 相比，必然有 $\omega' < \omega$。

还需要进一步考虑的问题是，当文化产业集聚产生后，不同企业和不同文化创意人员在更小成本的沟通后，会将原属于专业化生产文化产品的技术与创意逐渐变为共有生产技术。且在分工环节中参与的主体企业个数越多，专有技术创意转变为共有技术的可能性越高。在此设为技术转化率，则在产业发生集聚后，共有 ρK^S 的专有生产技术转变为共有技术。这一部分技术将成为产业集聚内的企业共同分配的收益，且所有参与分工的企业无须通过交易即可获得这一部分固有收益。而剩余部分的（$1-\rho$）K^S 成为产业集聚后内部分工的各企业主体通过交易才可以获得的收益。

本文设定所有企业均同质无差别，因此产业集聚后参与分工的企业要均分交易成本。在分工后双方净收益为：

$$L_i'' = \frac{1}{2}\rho K^S + \frac{1}{2}[(1-\rho)(K^S-K^G)] - \frac{1}{2}\omega'[(1-\rho)(K^S-K^G)] - \frac{1}{2}C_I \quad (3.6)$$

$$(i = 1, 2)$$

将上式变形为：

$$L_i'' = \frac{1}{2}\rho K^S + \frac{1}{2}(1-\omega')(K^S-K^G) - \frac{1}{2}(1-\omega')\rho K^S - \frac{1}{2}C_I \quad (3.7)$$

$$(i = 1, 2)$$

比较式（3.7）和式（3.4）可以发现，与纯市场组织相比，产业集聚后分工参与者分工净收益增加了（1/2）ρK^S；又因为 $C_I \leqslant C_0$ 和 $\omega' < \omega$，因而产业集聚内部的内生交易成本与外生交易成本均低于纯市场组织下的两个成本。这样可以保证参与生产分工企业的生产积极性，也可以促使分工利益顺利兑现。令式（3.7）减去式（3.4），得：

$$L_i'' - L_i = \frac{1}{2}\rho\,\omega' K^S + \frac{1}{2}(\overline{\omega} - \omega')(K^S - K^G) - \frac{1}{2}(C_I - C_O) \quad (i = 1,\ 2) \tag{3.8}$$

由式（3.8）可以看出，产业集聚后企业效率与纯市场企业效率的边界分别由 $\overline{\omega} - \omega'$ 和 $C_I - C_O$ 决定。当文化产品的消费市场变得越来越多样化的时候，文化产品的创意要求也变得更高。一个独立企业无法单独应对需求的多变性，同时企业的创新管理成本也会变成企业成本的主要支出，企业效率会严重受损。因此基于价值链的分工产生产业集聚网络就变得很有必要。通过文化产业集聚，交易风险和成本都将大大降低，也促进了文化企业的生产效率和创意水平，最终也将促进文化产业集聚的发展。

为了进一步说明文化产业集聚的必然性，将式（3.6）变形，以比较两种形式下的企业分工效率：

$$L_i'' = \frac{1}{2}\rho\,\omega' K^S + \frac{1}{2}(K^S - K^G) - \frac{1}{2}\omega'(K^S - K^G) - \frac{1}{2}C_I \quad (i = 1,\ 2) \tag{3.9}$$

比较式（3.9）和式（3.5），产业集聚后，企业获取专业化投资收益为（1/2）$\rho\omega' K^S$，同时也要支付交易成本。与文化产业在集聚前发生的高额管理成本相比，产业集聚后内部交易成本可以通过集聚导致的距离减小和反复交易机制建立的信任机制而降低。令式（3.9）减去式（3.5），得：

$$L_i'' - L_i' = C^M - \frac{1}{2}\omega'(K^S - K^G - \rho K^S) - \frac{1}{2}C_I \quad (i = 1,\ 2) \tag{3.10}$$

由式（3.10）可以得出，集聚的企业效率边界由 C^M、ω' 和 C_I 决定。文化产业集聚的形式比较成功地解决了企业分工后的收益与交易成本之间的两难选择，同时提供了相对较高效率的分工安排。这种安排可以将企业不同组织形式的效率缺失得到较好的填补。不管从生产的角度还是从交易的角度，文化产业集聚都给企业带来了优秀的创新能力和不同交易成本大幅降低。从组织分工的角度而言，文化产业集聚是文化产品生产到一定规模后的必然结果，同时也是提升经济效率的最优选择。

3.2　绿色经济效率的测度原理

传统经济理论关于生产的边界性的一般观点是，生产者在生产活动中必须在有限的资源禀赋条件下最大化满足消费者的需求，只有符合这一要求才能被称为有效生产。从帕累托有效的角度来说，在一个生产经济中生产者减少一单位物品的生产无法增加另一物品的生产，此时生产者处于生产可能性边界上。生产可能性边界上的生产者比其他生产者具有的优势在于其经济效率相对较高。传统经济学利用索洛余值法将经济增长理论中的生产要素投入之外的因素全部归于技术进步，同时设定技术进步外生。这一设定在讨论宏观经济运行时具有一定的解释力，但当研究视角转向企业效率时，这一方法就不再适用了。因为索洛余值法将所有生产企业都默认为处于生产可能性边界上，即所有企业都效率最优。这是不符合现实情况的：许多生产者因投入产出的差异而存在经济效率损失。因此，并不是所有生产者均处于生产可能性边界。

为了更好地反映每个独立生产个体也即每个企业的生产效率，学界提出了专门针对效率测度的随机前沿分析（Stochastic Frontier Approach，SFA）和数据包络分析法（DEA），其中 SFA 是参数估计，DEA 是非参数估计。与索罗余值法不同，这两种方法均允许技术非效率的存在，也就是在承认企业存在效率损失的基础上将效率作为研究对象进行讨论。相比之下，这两种方法更能反映真实的经济运行情况。本文关于绿色经济效率的研究主要利用 DEA 法及以此为基础改进的超效率 DEA 模型进行分析。

非参数数据包络分析作为一种效率测度的主要方法，其规定的生产可能性边界是凸性生产可能性集组成的。由于 DEA 采用非参形式进行效率估计，因此生产可能性集不需要明确边界的函数形式。DEA 对现实模拟的最大优点在于其摒弃了事先设定参数估计的函数、样本统计和误差分布等必要条件，设定了目标效率值可以随时间发展而产生变动，因此 DEA 对效率的测度更加贴近现实。DEA 基于上文所述的"帕累托有效"理念，利用线性规划将生产的投入产出组合作为研究对象进行观测比较，找出最优点。通过已有生产单位的线性组合将生产可能性边界描绘出来，再将各单位的生产有效性进行同级比较。

3.2.1 CCR 模型

最早的 DEA 模型是由查恩斯（Charnes）、库珀（Cooper）和罗德斯（Rhodes）在其论文提出的 CCR 模型发展而来，该模型适用于评估规模收益不变情况下的技术效率。

CCR 模型中设 x 为企业个体的投入向量，y 为对应的产出变量，因此（x，y）可以表示决策主体的经济活动集合。CCR 模型在对各企业主体进行效率评价时，对投入产出变量都赋予了相应的权重，之后进行加权综合后得到总的投入产出值，并据此计算出相对效率值。CCR 在所有企业效率值小于 1 的前提下，计算某个企业 j 的相对效率的极值，模型如下：

$$\max \ h_{j_0} \ \frac{\sum_{r=1}^{s} u_r y_{rj_0}}{\sum_{i=1}^{m} v_i x_{ij_0}} \tag{3.11}$$

$$\text{s.t.} \ \frac{\sum_{r=1}^{s} u_r y_{rj}}{\sum_{i=1}^{m} v_i x_{ij}} \leqslant 1, \quad j = 1, 2, \cdots, n$$

$$v=(v_1, v_2, \cdots, v_m)^T \geqslant 0$$
$$u=(u_1, u_2, \cdots, u_s)^T \geqslant 0$$

其中，v_m 表示第 m 项投入的权重，u_s 表示第 s 项产出的权重。h_j 表示每个企业决策主体 DMU_j（$1 \leqslant j \leqslant n$）的对应效率评价指数，其数值越大，说明企业 j 的生产效率越高。$v \geqslant 0$ 表示对 i=1，2，…，m；$v_i \geqslant 0$，且至少存在一项 i_0 使得 $v_{i0}>0$。u 的定义与此相同。

3.2.2　BCC 模型

CCR 模型具有应用上的缺陷，即规定了规模收益不变，这是不符合现实情况的，极少有企业恰好处于规模报酬不变的生产阶段中。班克（Banker）、查恩斯（Charnes）和库伯（Cooper）将上述 CCR 模型中的锥形约束放松，扩充了生产的凸性假设。如此一来，生产活动的规模报酬可变，该模型也可以对企业纯技术有效性进行评价，即为 BCC 模型。BCC 模型的线性规划表达式如下所示：

$$\begin{aligned} & \min \theta \\ & \text{s.t.} \sum_{j=1}^{n} X_j \lambda_j \leqslant \theta X_0 \\ & \sum_{j=1}^{n} Y_j \lambda_j \leqslant Y_0 \\ & \sum_{j=1}^{n} \lambda_j = 1 \\ & \lambda_j \geqslant 0, j=1, 2, \cdots, n, \theta \in \boldsymbol{E}^1 \end{aligned} \tag{3.12}$$

求解 θ 的值解出来即为企业决策个 DMU_j 的相对效率值。为了更好地在实际测度中进行应用，在上述线性规划中引入剩余变量 S^+ 和松弛变量 S^-，以及非阿基米德无穷小量 ε。BCC 模型可表述为如下形式：

$$\min\ [\theta-\varepsilon(\hat{e}^T S^- + e^T S^+)]$$

$$
\begin{aligned}
\text{s. t.} \ & \sum_{j=1}^{n} X_j \lambda_j + S^- = \theta X_0 \\
& \sum_{j=1}^{n} Y_j \lambda_j - S^+ = Y_0 \\
& \sum_{j=1}^{n} \lambda_j = 1 \\
& \lambda_j \geqslant 0, \ j = 1, 2, \cdots, n, \ \theta \in \boldsymbol{E}^1 \\
& S^+ \geqslant 0, \quad S^- \leqslant 0
\end{aligned}
\tag{3.13}
$$

其中 $\hat{e} = (1, 1, \cdots, 1)^T \in \boldsymbol{E}^m$，$e = (1, 1, \cdots, 1)^T \in \boldsymbol{E}^s$。设 λ_0，S^{-0}，S^{+0}，θ^0 为式（3.13）的最优解，则式（3.13）的最优值为 $a-\varepsilon b$，其中 $a=\theta^0$，表示生产企业个体的 DMU_{j0} 效率评价指数，$b=\hat{e}^{T}S^{-0}+\hat{e}^{T}S^{+0}$，表示输入过剩$\hat{e}^{T}S^{-0}$ 与输出不足$\hat{e}^{T}S^{+0}$ 之和。利用含非阿基米德无穷小 ε 的式（3.13）可以检验 DMU_{j0} 的 DEA 有效性：若 $\theta^0 < 1$，则 DMU_{j0} 没有达到 DEA 有效；若 $\theta^0=1$，$\hat{e}^{T}S^{-0}+\hat{e}^{T}S^{+0} > 0$，则 DMU_{j0} 为 DEA 弱有效；若 $\theta^0=1$，$\hat{e}^{T}S^{-0}+\hat{e}^{T}S^{+0}=0$，则 DMU_{j0} 为 DEA 有效。对于非有效的决策单元可令 $\hat{X}_0=\theta^0X_0-S^{-0}=\sum_{j=1}^{n}X_j\lambda_j^0$，$\widehat{Y}_0 = Y_0 + S^{+0} = \sum_{j=1}^{n}Y_j\lambda_j^0$分别表示该非有效决策单元在生产前沿面上的“投影”，则$\Delta X_0 = X_0 - \widehat{X}_0 = (1-\theta^0)X_0 + S^{-0} \geqslant 0$为输入剩余，$\Delta Y_0 = Y_0 - \widehat{Y}_0 + S^{-0} \geqslant 0$为输入亏空，$\Delta X_0$、$\Delta Y_0$分别表示当决策单元$j_0$想要转变为 DEA 有效时，输入和输出变化的估计量。

3.2.3 超效率 DEA 模型

BCC 模型与 CCR 模型相比，不仅在决策单元的总效率测度上更加接近实际经济运行情况，同时还可以将总效率分解变为规模效率和纯技术效率两个部分。但两个模型存在另一个重要的问题：企业决策主体 DMU 的数量相比于投入产出变量的个数更少时，CCR 和 BCC 模型都会将 DMU 的相对效率确定为完全有效。但是这些 DMU 无法通过上述模型进一步比较其真实效率差异。为解决这个问题，安德森（Anderson）和彼得斯（Petersen）提出了超效率 DEA 模型，将多个完全有效决策个体进行排序。与之前的模型相比，超效率 DEA 模型在对决策单元进行效率评价时，该决策单元并不包括在效率评价的参考集合中，模型以除评价目标 DMU 外剩余的决策单元作为样本重新构造新的生产可能性集合，进而形成一个新前沿面。通过这个新的前沿面作为标准来评价目标 DMU 的效率是否有效。以投入产出为导向的规模报酬可变超效率 DEA 模型线性规划表达式如下所示。

投入导向的规模报酬可变超效率 DEA 模型表达式如式（3.14）所示：

$$\begin{aligned}&\min \theta\\&\sum_{\substack{j=1\\j\neq k}}^{n}\lambda_j y_{rj}\geqslant y_{rk},\ r=1,2,\cdots,s\\&\sum_{\substack{j=1\\j\neq k}}^{n}\lambda_j x_{ij}\leqslant \theta x_{ik},\ i=1,2,\cdots,m\\&\sum_{\substack{j=1\\j\neq k}}^{n}\lambda_j=1\end{aligned}\tag{3.14}$$

产出导向的规模报酬可变超效率 DEA 模型表达式如式（3.15）所示：

$$\begin{aligned}&\max \theta\\&\sum_{\substack{j=1\\j\neq k}}^{n}\lambda_j x_{ij}\leqslant x_{ik},\ i=1,2,\cdots,m\\&\sum_{\substack{j=1\\j\neq k}}^{n}\lambda_j y_{rj}\geqslant \phi y_{rk},\ r=1,2,\cdots,s\\&\sum_{\substack{j=1\\j\neq k}}^{n}\lambda_j=1\end{aligned}\tag{3.15}$$

从投入产出导向的超效率 DEA 模型中可以看出 k 本身被排除在 DMU 效率评价体系之外。若 DMU_k 相对有效，则其真实值大于或等于 1，这是与之前的模型不同之处。本文将利用超效率 DEA 模型对长江经济带城市数据的绿色经济效率值进行测度，以进行后续分析。

3.3 文化产业集聚对绿色经济效率影响的机制分析

作为以强关联度作为特征的产业，文化产业的集聚核心就是完备紧密的产业链条和与上下游产业密切合作的产业协作网络。文化产业集聚现象的发展，可以有效降低该产业在创新上的冗余成本，减少因劳动力和地理距离产生的资源消耗。文化产业集聚也因此在侧面有利于该产业的产成品在创意上的突破，同时间接促进了文化产业规模的扩大与发展速度的提升。另外，文化产业集聚的形成也有助于实现地方经济的规模效应。文化产业作为典型服务业与上下游产业具有强有力的关联效应，因此在集聚效应形成之后可以广泛吸引与文化产业相关的制造业、加工业、高新产业及其配套的服务业等众多产业有机结合，在区域内形成大的产业集聚。通过不同产业间的相互融合，以及地方政府在政策上予以的支持如基础设施的投资建设、相关配套公共服务水平的提高、有针对性的税收优惠政策的出台等，区域经济可以健康快速持续稳定的发展，从而实现城市化经济，并推动地区经济的持续稳定增长。相对于重工业和制造业等产业，文化产业及其相关产业具有典型环境友好型的特点，因此对区域经济效率的提升更具生态文明本质，使区域经济在绿色发展的前提下满足不断上升的居民文化消费需求。

根据文化产业集聚与绿色经济效率的关系现状，本文将从面板效应和空间效应两个角度对二者进行具体分析。

3.3.1　文化产业集聚对绿色经济效率影响的非线性效应

如上所述，文化产业具有低能耗、低污染等特点，行业本身对环境非常友好，因此属于绿色产业的范畴。除此以外，文化产业的另一大特征就是知识密集型，这个特点也决定了文化产业在全球经济增长乏力的现状下，可以为新经济增长提供持续的带动力。文化产业在生产加工、产品流通、产品消费等环节都具有相对显著的绿色特征，并且与其他产业的产品相比，文化产业还有更多的附加价值作为出售介质如广告创意、传媒内容、互联网产品等，这些创意产品同样可以服务于其他产业从而实现文化产业的价值。文化产业优化升级的途径是创意产品的革新，而文化产业产品的服务创新也可以给文化产业企业不断施加创新压力，使其着力革新企业产品，保证自身竞争优势。

另外，文化产业集聚对绿色经济效率具有外部性，而这个外部性具体是正向还是负向，目前仍存有较大争议。产业集聚与环境生态之间存在一定的联系，不同产业在发展的不同阶段都会产生或多或少的污染物，这不可避免的存在且贯穿于产业集聚的过程中。任何集聚特征显著的产业在空间上的极化都可能会对环境产生不利影响，如资源消耗的不断加快、污染物排放的指数增长等都会导致环境治理的成本增加。但是，文化产业因其产业特点的不同也可能会出现相反的结果。文化产业的特点决定该产业的集聚可以深化同质企业的产业划分与有效分工，通过交流合作，发挥知识溢出效应，刺激产品创新进行生态良性循环生产。有研究发现文化产业集聚对绿色全要素生产率有明显的正外部性，因此本文对目标区域长江经济带的文化产业集聚对绿色经济效率的影响可以做出如下基础性假设：

假设 1：长江经济带区域的文化产业集聚可以带来绿色经济效率的提升。

产业集聚是一个动态概念，即一个产业从产生到发展壮大，再到一个区域内形成集聚效应。文化产业集聚也同样有这一过程，并在此过程中呈现出明显阶段特征，不同发展区域或是在发展的不同阶段，其影响因素可能都会发生改变。而绿色经济效率的变化相比之下波动起伏不大，表现较为稳定，因此，文化产业集聚很可能会对绿色经济效率产生非线性冲击效应，具体影响过程本文将在下文做出明确分析。

文化产业集聚会在区域内形成凝聚力，吸引在有限地理距离内的生产要素向中心聚拢，推动要素平均价格的下降和要素使用效率的提升。通过不断地循环聚集，达到推动经济效率提升的目的。在土地资源富余而其余生产资料，诸如劳动力和资本稀缺时，文化产业集聚带来的提升是显著的。伴随经济规模的扩大，劳动力与资本的过度密集会导致土地资源和生产所需的能源都变为相对稀缺的生产要素，此时集聚会带来拥挤效应，生产要素不会因为产业集聚度的提升而促使经济效率继续上升。生产理论告诉我们，生产要素在投入生产活动时，是存在最优选择的。当劳动与资本的投入比例偏离这一比例时，就会产生非经济行为。因此，动态变化的劳动力和资本要素量与固定的资源和土地要素量达到最优比时，文化产业集聚对绿色经济效率的提升效果才会达到最大。否则当劳动与资本要素继续向区域中心集聚，要素密度过大会导致生产率的下降，同时稀缺要素的价格会因为价格上升而变得更加稀缺，如能源短缺和土地使用价格的暴涨等。要解决这一问题，保证绿色经济效率达到最优，一般有三种途径。首先是增加产业集聚中的稀缺生产要素，其次是减少富余的生产要素，最后是通过技术进步改变最优成产要素比例。当然，不管是采用哪种方法，都必须要确定文化产业集聚提升绿色经济效率的最优值。因此本文的研究意义就在于，为后续的研究者找到文化产业集聚影响绿色经济效率的非线性效应的局部最优解。基于上述简单分析，做出如下假设：

假设 2：文化产业集聚的过程中，由于最优要素投入比的存在，规模经济将在适当阶段产生拐点，在拐点之前文化产业集聚将对绿色经济效率产生提升作用，拐点之后将变为阻碍作用。

鉴于文化产业集聚在发展阶段初期是促进提升绿色经济效率提高的，而在最优要素比实现后转为阻碍作用，因此在已有研究的众多非线性模型中有理由认为，二者间的非线性关系极有可能为倒 U 形。因此根据前文分析和假设 2 做出如下假设，以便后续进行实证检验：

假设 3：文化产业集聚度与绿色经济效率之间存在着倒 U 形关系。

3.3.2　文化产业集聚对绿色经济效率影响的空间效应

文化产业集聚在控制了不同城市的异质性后，通过分析可以得出上述研究假设。现实中文化产业在区域内的集聚效应不仅与本城市的要素禀赋有关，还会受到邻近的周边城市客观情况影响。新地理经济学理论认为，区域经济发展的主要因素是技术进步、生产要素的自由流动和政府间转移支付等。但是相关研究成果显示，若忽略经济增长的空间效应会出现分析结果上的偏差。如雷伊（Rey）和蒙图里（Montouri）通过研究发现，区域经济的主要影响因素是生产要素的空间溢出效应。因此，在进行前文的基础性分析后，仍有必要对文化产业对绿色经济效率影响的空间效应进行探讨。

关于文化产业集聚对绿色经济效率影响的空间外溢效应的原因与内在机制，本文从以下三个方面进行梳理。

第一，在文化产业逐渐成为经济转型重要组成部分的同时，地理距离对于产业集聚的阻碍因为信息技术被普及而变得越来越小，同时也为文化产业集聚提升绿色经济效率的空间外溢效应发挥进行了技术铺垫。众所周知，文化产业的产品以创意设计等概念为主要产品优势，文化产业服务相较于其他产业来说，受到的地理限制诸如信息成本、运输能力等要更少，因此文化产业集聚对经济效率的空间外溢有了切实发生的可能性。在信息技术被普遍使用和地理距离阻隔作用下降的双重影响下，文化产业可以更加便利地减少集聚成本，在更大范围的区域内对生产要素进行吸引和利用，降低产品成本、减少信息不对称带来的经济无效率。

第二，文化产业集聚会因区域内的相关产品服务规模的限制，而降低自身集聚的速度和范围。产业集聚规模的继续扩大需要依靠区域周围的关联企业对本区域文化产业提供额外需求的服务。上述这种典型的“积累过程”在绿色经济效率的提升过程中将发挥至关重要的作用。该理论认为，产业的“集聚”将通过无限循环的吸收新行业的过程，将本区域内的文化市场慢慢扩大，直到将本地文化市场变为经济增长的中心。这个增长中心将发挥集聚优势，对除中心外的地区发挥扩散效应。文化产业集聚同样可以通过信息的规模经济效应，将积累循环应用到信息领域，从而降低信息不对称现象和降低获取信息的成本，通过这种方式，也会为周边经济效率的提高带来提升作用。从整体来说，中心区域的文化产业集聚对本区域和周边地区的经济效率产生正向作用，是为文化产业集聚的空间外溢效应。

第三，文化产业集聚可以通过信息的有效共享，将信息的规模经济效应发挥到最大。这样做具有独特的优势，即可以提高文化产业自身的集聚效率，从而带动周边关联产业的生产效率，最终提高区域绿色经济效率。文化产业服务效率提升，可以有效发挥对经济效率的空间外溢效应。而这种外溢效应的有效发挥又能进一步带动文化产业生存环境的改善进而提高文化产业的服务效率。这种正向促进机制可以不断得到良性循环，空间外溢效应也因此得到持续发挥。

在空间分析中，同样像平面分析中那样存在非线性效应。在不同区域的不同发展阶段，会因为禀赋不同和经济水平的不同而导致影响效果不同。文化产业集聚会在区域内形成凝聚力，这种凝聚效应在相邻地理单元整体生产要素相对富余之时，仍表现为正向作用，而当劳动与资本要素的过度密集导致生产的其他必备生产资料获取成本提高时，文化产业的空间外溢效应被不断压缩，这时要素的继续集聚就不再能提升经济效率。不管是降低过度集聚的生产要素密度还是提升稀缺的生产要素密度，只有在达到最优生产比时，文化产业集聚的空间外溢效应才能达到正向最大，否则都是有提升空间的。

生产的空间集聚在经济发展初期可以显著提高经济效率，而随着经济发展水平的提高，这种促进作用会逐渐消失，甚至达到临界值后，还会对经济效率的提高产生阻碍作用。也有很多研究对这一假说进行了实证检验，如布鲁哈特（Brülhart）和斯贝格米（Sbergami）利用跨国数据对上述关系进行了检验，研究表明，只有当经济发展处于特定的水平时，产业集聚才可以促进地区经济增长。不仅如此，还有很多研究证明了，不同地区异质性会导致不同的空间外溢效应。如埃利桑多（Elizondo）和克鲁格曼（Krugman）的开放性假说表明，产业集聚在封闭经济模型中对经济效率的促进效果更好。研究中还给出了相应的解释，即地理距离的缩短可以提高贸易量，因此封闭经济相对开放经济的效率更高。据此假设如下：

假设 4：文化产业集聚对绿色经济效率的提升存在显著而又不同程度的空间非线性外溢效应，具体效应因地区异质性而不同。

信息技术的迅速发展，为文化产业的生产活动不再拘泥于某一个特定的地理位置提供了有力支撑。同时，文化产业的自身不断创新和科技手段的与时俱进，让文化产品服务于比以前更大范围的消费市场成为可能。因此，我们有足够的理由认为，经济地理学家们的“地理已死”观点❶是正确的。

信息对产业集聚具有主导意义，产业集聚的中心不仅要使用信息，还要将信息进行适当处理，并进行中转。就上述观点而言，信息流是文化产业集聚提升绿色经济效率的空间外溢效应的关键因素。标准化信息❷在媒体间进行传播时，极易因为不同个体对信息的解读和理解上的差异，而造成信息的失真，从而导致信息对文化产业的服务产生重大偏差，这种误读被波蒂厄斯（Porteous）认为是因为信息的接受者和信息的传递者具有迥异的文化背景所致。思里福特（Thrift）指出，在经济社会中的绝大部分信息均为非标准化信息，因此，该信息的难以理解、含义不清等特征，会导致文化产业企业对把握行业动态、掌握市场动向等重大决策变得艰难。

据此认为，文化产业集聚对于绿色经济效率的提升虽然有空间外溢效应，但是这种外溢效应必然会因为信息失真而存在着区域边界。同时必然带来另一个现象，文化产业集聚对绿色经济效率的空间外溢效应会随着地理距离的增加而逐渐下降，即该空间外溢效应与周边地区与产业集聚中心的地理距离负相关。

这一现象在我国变得更为典型，首先，这与我国的现实情况和制度建设息息相关。信息不对称会因地理距离的变大而增加，这在任何地区都成立，文化产业的信息会在文化产业集聚的过程中对其产生空间外溢效应，但地理距离的增加也减少了必要的文化企业间的商业交流，因此地理距离

❶ 随着现代交通通信技术的发展，运费在商品成本中的比例越来越小，与运费相关的空间距离在现代经济中的地位也大大下降。对此曾经出现过观点认为“地理已死”，即经济活动已经摆脱了距离的束缚而变得随意和自由。

❷ 金融信息分为标准化信息和非标准化信息，标准化信息可以通过信息技术进行准确无误的远距离传递，而非标准化信息在远距离传递中会发生信息衰减。

的增加导致文化企业远离信息源，进而导致非标准信息的出现。其次，文化产业对彼此的信任程度也会因地理距离的增加而逐渐降低。当地理距离较小时，文化产业的企业在与其他企业进行沟通时信息获取成本也因此较小，企业间对彼此的信任也更加容易建立。因此，这种企业信任因素会促进文化产业集聚提升绿色经济效率的空间外溢效应增加，反之，信任程度降低，外溢效应也将进一步被削弱。

综合上述分析，本文对文化产业集聚提升绿色经济效率的空间外溢效应做进一步假设：

假设 5：文化产业集聚提升绿色经济效率的空间外溢效应会随着地理距离的增加而减弱。

3.3.3　影响绿色经济效率的其他因素

（1）能源消耗水平

能源消耗水平可以较好地反映一个国家和地区的资源潜力和经济禀赋。能源消耗水平越高经济提升越高，但这个提升效应会受到地区不平衡、技术水平和管理水平的限制。另外，能源的消耗代表着环境质量的下降，能源消耗对环境的伤害能否被经济效率的提升所弥补，同样与地区禀赋有关。因此，能源消耗水平能否提高绿色经济效率还要根据具体经济社会的实际情况进行分析。

（2）经济发展水平

大量研究表明，经济发展水平与经济效率水平是相辅相成、互相促进的。但是经济发展水平的提升是否可以提高综合环境影响下的绿色经济效率，已有研究从两方面进行了考察：一方面，经济发展水平提高免不了要走“先污染后治理”的路子，会导致环境压力大大增加，这种情况体现在大多数的发达国家的历史进程中。中国作为发展中国家的代表，是否可以在经济发展过程中避免重蹈覆辙。另一方面，当经济发展水平提高到一定程度后，经济实力的增加是否可以促进政府对环境污染进行治理，重视绿色发展。因此，经济发展水平对于绿色经济效率的影响与政府制定的经济发展政策和实际走的发展路径密切相关。

（3）对外开放度

对外开放度考察的是外部冲击对国内经济环境的影响，主要通过外商直接投资和进出口总额两类指标进行衡量。外商直接投资不仅可以通过弥补储蓄和外汇缺口使东道国的经济更加平稳，还可以通过弥补税收与技术上的缺失来提高本国的经济水平。外商直接投资可以直接给东道国提供经济增长急需的资金，促进东道国的资源优化配置和生产效率的提升。外商直接投资还可以通过提高企业技术转型升级实现生产效率的提高。但是也有研究表明，外商直接投资给东道国带来的促进会受到政策环境和产业发展水平的影响，甚至会出现负效应。外商直接投资的引进是否对绿色生产效率有积极的影响还有待本书在选取的样本数据检验后确定。

进出口贸易可以通过技术溢出效应迫使本地企业提高生产率，努力在市场竞争中占得优势。出口企业效率的提升可以导致经济资源的重新分配。但是进出口贸易会以破坏环境为代价：在缺乏有效保护的情况下，进出口贸易给生产消费带来的推动力是无法持续的，由于各国环境标准的不同，会导致低标准的国家出现“污染庇护所”效应，在这种恶性竞争中，环境将被迅速破坏，即使提高了生产效率，绿色经济效率也不会因此而提高。因而进出口贸易对绿色经济效率的影响同样受到规模效应、技术效应和环境效应各种力量的共同作用。在得出结论之前，需明确各方面的影响因素，特定地区特定分析。

（4）城市化水平

城市化水平的提高，会吸引劳动力、资本等生产要素向城市聚集。一方面，劳动力集中会导致城市的消费结构发生变化，提高了中等收入人群的消费比重，这样可以增加内需。作为经济增长的“三驾马车”之一，消费被公认是持续时间最长、推动能力最强的来源之一，因此消费力的提高可以满足经济效率提高的条件。同时，城市化水平提高可以吸收广大农村剩余劳动力，客观上提高了全社会平均劳动生产率。劳动力聚集之后，紧接着可以吸引资本、技术等要素的涌入，逐步产生规模经济，降低了经济成本，提升经济效率。但是与此同时，要素集中会带来环境和资源压力的提升，其中最主要的是人口问题。人口集中会带来大量的生活污染和“三废”污染，且城市化水平的提高也会迫使大量农业用地变为工业用地，间接增加了对环境的负面影响。从这个角度来说，城市化水平对绿色经济效率的提升同样是双刃剑，既要接受城市化给民众带来的便利生活，也要充分重视城市化给经济生活带来的环境压力。

（5）人力资本

人力资本理论证明了人力资本对经济增长的重要贡献。上述所有影响因素在对绿色经济效率产生作用时，都不能忽视“人”这一载体。只有高人力资本才可以将绿色经济效率从原有的基础提高到另一个水平。在经济生产的内部而言，人力资本水平的提高可以在物质资本不变的前提下提高产品的规模和质量，进而提高经济效率。在经济生产的外部而言，人力资本水平的提高可以促使“干中学”的效率，这样可以提高劳动生产中的整体人力资本水平，再根据上述提升经济效率的机制，达到全社会生产效率的提高。

（6）政府规模

Adam Smith 最早提出了政府规模与经济增长的关系，他认为政府在经济活动中不应该进行干预，只要充当“守夜人”即可。政府规模在保证行政能力的前提下越小越好。凯恩斯则在美国大萧条时期根据现实经济情况提出了干预型政府的概念。他认为政府规模越大越好，要保证政府在经济周期中的干预能力，全面掌控经济发展。而针对我国的研究普遍认为，政府规模要适度。政府规模过低，政府对宏观经济的把控不足，经济发展的方向会出现偏差。政府规模过高，政府消费和投资会限制民营经济活力，对经济效率的提升有阻碍作用。对于长江经济带各城市而言，政府规模是否适度，是否对绿色经济效率有质的提升，需要放到具体发展路径中进行讨论。

本文经过上一章理论基础的铺垫和本章的理论分析后，将在下文通过计量分析法对相关核心指标进行测度分析，并对研究假设进行严密的论证。

第4章　长江经济带文化产业集聚与绿色经济效率评价

4.1 长江经济带文化产业集聚评价

4.1.1 长江经济带文化产业发展历程

改革开放后，部分文化行业开始出现产业化的倾向，文化市场也因此逐步形成雏形。娱乐业与广告业最先发展起来，这些行业最初以民营为主。1979 年我国形成了具有现代形态的文化市场。1982 年，国务院进行大规模的机构改革，改组成立新的文化部，文化事业单位也随之紧接着开始进行企业化转型改革。1983 年，作为长江经济带的“排头兵”，上海市首先进行了录像设备的生产经营，并形成改革开放后的最早一批流行歌手，文化消费市场因此逐渐兴起，广告业也在同一时间开始出现和发展，这些文化产业的行业性质在不久后被认可。1985 年，国家统计局在其报告中首次确认了文化艺术具有的商品属性和产业属性。1988 年，“文化市场”的概念第一次出现在政府文件中，文化产业的独立产业地位也被正式确立。1989 年，国务院开始下设文化市场管理局对全国的文化市场进行全面专业化管理，中央政府开始从管理者的角度综合参与文化市场开展的各类活动。1991 年，“文化经济政策”首次出现在政府文件中，1992 年国务院进一步通过文件形式指出，文化部门职能由财政支出型转变为文化生产服务型。1999 年，长江经济带相关省份文化行业与旅游行业所创造的增加值为 2810.2 亿元，占长江经济带全域 GDP 的 15.36%。为适应多元文化需求，报业得到迅速发展，报纸种类大大丰富。从互联网用户的地域分布看，上海作为长江经济带的代表城市占到其中的 8.71%，占有率位列北京和广州之后，成为拥有互联网用户的第三城。1999 年我国第一家出版集团在上海正式成立，随后全国各地也出现新的文化集团，如同属于长江经济带的湖南广电集团等。

21 世纪初，我国文化产业市场不断繁荣发展，促进了各种非官方资本对文化市场的关注，其中民营资本和外资等社会资本为文化市场的前行发展提供了持续动力。伴随而来的是文化资本与文化中介开始兴起，逐渐形成一定规模的市场。文化体制改革解放了制度的禁锢，让全社会参与文化产业的建设，直接促进了产业发展。1997 年，长江经济带文化企业中，国有资本仅仅占到 10% 左右，而非国有资本经营创办的企业高达 88.6%。

2001 年，我国加入世界贸易组织（World Trade Organization，WTO）之后，我国的文化产业的竞争带来了巨大的挑战。与此同时，文化产业的重要战略地位也得到进一步凸显，因此国家集中出台了一系列政策措施，开始加快文化体制改革的脚步。2002 年，党的十六大公布了一系列积极发展文化产业的重大政策，文化市场开始进入全面改革阶段，次年在全国文化体制改革试点工作会上，确定在上海、浙江等 9 个省市的 35 家单位进行试点。我国文化产业体系不断完善，规模不断扩大，层次不断多样化，门类不断丰富。2011 年，全国文化市场经营机构全年的利润总额为 547.09 亿元，比前一年增加了 125.60 亿元，同比增长 29.8%[1]。

2012 年以后，我国文化产业的多元化得以保存并快速向前发展。民间资本在这一波政策福利的带动下也开始进入文化产业的投资领域，这样在客观上也促进了多样化文化产业所有制框架的建立。2017 年，全国新登记

[1] 文化部：《2011 年全国文化发展基本情况》，中国政府网：http://www.gov.cn/test/2012-04/11/content_2110583.htm。

注册的文化大类企业共 21.27 万户，较去年同期增长 42.9%；其中在长江经济带相关省市注册登记的文化企业共 11.09 万户，占比 52.13%，同比增长 44.28%。可以发现，长江经济带的文化产业实力远高于全国其他地区，以阿里巴巴为代表的互联网企业以并购投资等方式，开始将资本重心流入文化产业领域，为长江经济带的文化产业发展带来了全新商业发展模式。

图 4–1 显示，在国内外环境改善的前提下，我国文化产业得到迅速发展，开始逐渐成为第三产业的支柱。2012 年，统计局将文化产业与旅游业合并成为新的文化产业分类，同时加入了个体户的产业数据，文化产业增加值得到跨跃式增长。2012 年至 2016 年，我国文化产业增加值不断上升，2016 年占 GDP 的比重也增加到 4.14%，比 2012 年增加了 18.96%，文化产业在经济增长中发挥的作用变得无可替代。在供给侧改革进入攻坚阶段的今天，文化产业健康发展与否，将直接决定我国经济转型的成功。

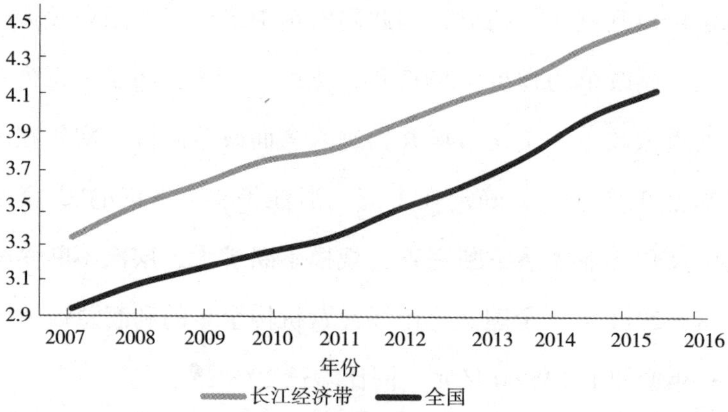

图4–1 长江经济带与全国文化产业增加值占GDP增加值的比重趋势对比[1]

[1] 数据来源：根据中经网统计数据库相关数据计算所得。

4.1.2　长江经济带文化产业发展现状

文化产业集聚水平与地方政府对文化产品需求的服务水平密不可分。本文以对比分析方法为主，将长江经济带与全国文化产业的公共服务水平进行比较分析其中的差距。本文的指标体系共分为四层，总指标是文化产业评价指标体系，准则层 B 包括文化服务供给、文化服务保障和文化服务效应等三个类别，准则层 C 包括服务设施、服务水平、资金技术和人才保障、组织管理、社会参与、经济发展、社会效果和政府投入 8 个子系统，指标层 D 共计包括 20 项指标，通过上述指标构建来对长江经济带文化产业现状（2016 年）进行描述。具体如表 4–1 所示。

表4–1　2016年长江经济带文化产业评价指标体系数值表

<table>
<tr><th>目标层</th><th>准则层B</th><th>准则层C</th><th>指标层D</th><th>长江经济带</th><th>全国</th></tr>
<tr><td rowspan="14">文化产业评价指标体系</td><td rowspan="14">文化服务供给</td><td rowspan="3">文化服务设施</td><td>D_1公共图书馆人均藏书量 / 册</td><td>0.69</td><td>0.65</td></tr>
<tr><td>D_2文化站数量 / 个</td><td>18459</td><td>41175</td></tr>
<tr><td>D_3博物馆数量 / 个</td><td>1782</td><td>4109</td></tr>
<tr><td rowspan="3">文化服务水平</td><td>D_4公共图书馆总流通人次 / 万人次</td><td>33503</td><td>66037</td></tr>
<tr><td>D_5艺术表演团体演出场次 / 千场次</td><td>1224.7</td><td>2290.3</td></tr>
<tr><td>D_6群众文化事业举办展览个数 / 个</td><td>70780</td><td>150128</td></tr>
<tr><td rowspan="3">资金技术和人才保障</td><td>D_7文化事业费投入 / 亿元</td><td>325.27</td><td>770.69</td></tr>
<tr><td>D_8文物业高级职称人数占比 / %</td><td>35.64</td><td>31.63</td></tr>
<tr><td>D_9文化市场经营机构数 / 个</td><td>126650</td><td>242686</td></tr>
<tr><td rowspan="3">组织管理</td><td>D_{10}文化部门教育机构数 / 个</td><td>43</td><td>125</td></tr>
<tr><td>D_{11}文物保护管理机构数 / 个</td><td>852</td><td>3318</td></tr>
<tr><td>D_{12}城镇居民文娱教育服务支出占总消费比重 / %</td><td>30.66</td><td>34.59</td></tr>
<tr><td rowspan="2">社会参与</td><td>D_{13}群众文化机构群众业余文艺团 / 个</td><td>186037</td><td>398398</td></tr>
<tr><td>D_{14}文化站组织文艺活动次数 / 次</td><td>386816</td><td>827953</td></tr>
</table>

续表

目标层	准则层B	准则层C	指标层D	长江经济带	全国
文化产业评价指标体系	文化服务效应	经济发展	D_{15}文化产业增加值 / 亿元	15241	30785
			D_{16}文化产业增加值占GDP比重 / %	4.52	4.14
		社会效果	D_{17}平均受教育年限 / 年	9.36	9.02
			D_{18}专利申请授权数 / （件/万人）	13.74	11.78
		政府投入	D_{19}人均公共文化事业财政收入 / 元	104.53	97.77
			D_{20}文化事业基建实际完成投资额 / 万元	359384	936530

注　资料来源：2017 年《中国统计年鉴》、2017 年《中国文化文物统计年鉴》等相关数据整理。

长江经济带省份的人均指标值均大于全国同指标的数值。在绝对量上，长江经济带的指标值占全国指标值的比重在 34.4% ~ 53.5% 之间不等。这表明长江经济带的文化产业是全国文化产业发展的重要组成部分，对文化产业结构变动有举足轻重的作用。

在构建评价指标体系之后，本文采用 CRITIC 法对指标权重进行明确。CRITIC 法由 Diakoulaki 提出，根据数据变动的离散程度来对指标赋予权重，具有客观性。各指标权重如表 4–2 所示。

表4–2　各指标CRITIC法权重值

指标	权重	指标	权重
D_1	0.1082	D_{11}	0.0543
D_2	0.0638	D_{12}	0.0069
D_3	0.0246	D_{13}	0.0375
D_4	0.0526	D_{14}	0.0403
D_5	0.0865	D_{15}	0.0465
D_6	0.0399	D_{16}	0.0398
D_7	0.0327	D_{17}	0.0006
D_8	0.0655	D_{18}	0.0568
D_9	0.0612	D_{19}	0.0361
D_{10}	0.0481	D_{20}	0.0982

在得到指标的权重后，论文运用综合指数法对长江经济带文化产业现状进行描述，对数据进行标准化处理：

$$x_{ij} = \left(x_{ij} - x_{\min}\right)/(x_{\max} - x_{\min}), \quad j = 1, 2, \cdots, n \tag{4.1}$$

其中，x_{ij} 是标准化数值，x_j 是第 j 项指标数值，$x_{\max}$ 是第 j 项指标最大值，$x_{\min}$ 是第 j 项指标最小值。

其次，对基准层 B 中各指标的综合评价值 B_j 采用评价模型：

$$B_k = \sum_{i}^{x} w_j x_{ij} \tag{4.2}$$

其中，B_k 表示基准层 B 中第 k 个子系统的综合值，j 表示每个子系统中拥有的评级指标数量。w_j 表示第 j 个指标的权重，x_{ij} 表示第 i 个城市在第 j 项指标的标准值。

最后，对目标层 D 综合评价值 A 采用评价模型：

$$A = \sum_{j=1}^{n} W_j B_j, \quad j = 1, 2, \cdots, n \tag{4.3}$$

其中，A 表示综合评价值，W_j 表示第 k 个子系统的权重，B_k 表示基准层 B 中第 k 个子系统的综合评价值，j 表示基准层中子系统的个数。

根据表 4–2 的权重和式（4.2）与式（4.3），得到长江经济带和全国文化产业的子系统评价值，如图 4–2 所示。可以发现，长江经济带的文化产业发展现状从 8 个子系统角度全面领先于全国平均水平，仅在社会参与度上没有显著差距。长江经济带的经济比重一直在 40% 左右，而文化产业的各指标基本高于这一标准，说明长江经济带文化产业的发展在全国范围内处于优势地位，这也与长江经济带的 9 省 2 市近年来大力发展文化服务业息息相关。

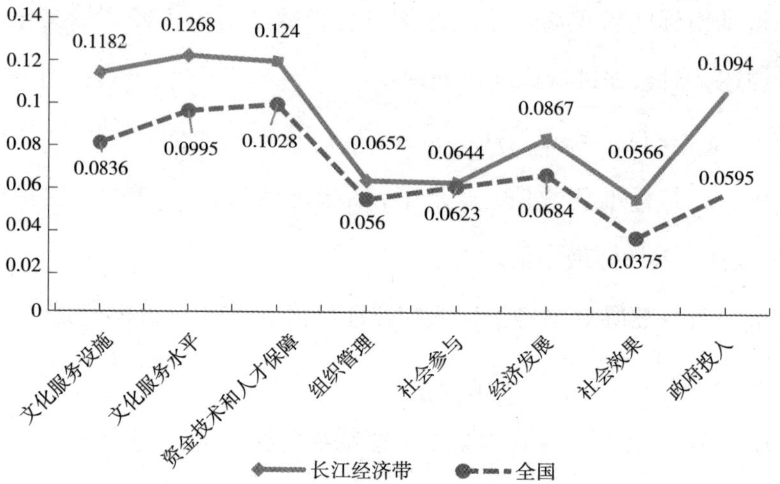

图4-2　文化产业评价子系统数值

图 4-3 根据表 4-1 计算所得。从图 4-3 中可以看出，在准则层 B 这一层次来看，长江经济带的文化产业发展现状仍优于全国平均水平。在文化服务效应单项上，长江经济带领先全国的优势较大。综合评价而言，长江经济带的文化产业对全国文化产业的发展具有较好的示范效应和带动效应。

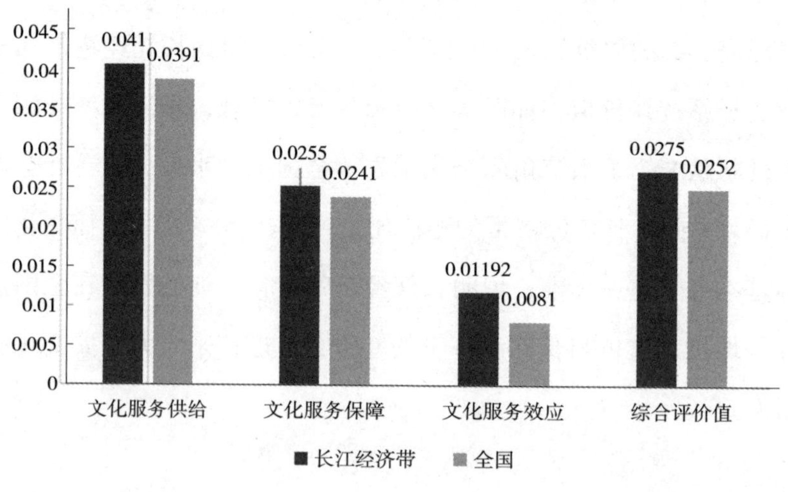

图4-3　文化产业准则层评价值

4.1.3　长江经济带文化产业集聚水平测度

4.1.3.1　文化产业集聚测度方法简介

现有研究对产业集聚程度的测量指标比较丰富，本文将做逐一介绍并分析优缺点，在结合本文研究的基础上进行综合选择所需的研究指标。

（1）产业集中度

产业集中度以较大规模的地区某一行业的就业人数或者产业增加值占全国或者某一区域的市场份额。文化产业集中度计算方法表示如下：

$$CR_n = \sum_{i=1}^{n} x_i \Big/ \sum_{i=1}^{N} x_i \tag{4.4}$$

等式左边即文化产业的集聚度，等式右边是一个比值，比值的分子为规模最大的 n 个文化行业的相关指标，比值的分母为全域文化行业的市场指标，N 表示文化行业的所有企业数量。该指标可以采用文化产业的有关指标如营业额、就业人数、生产额等进行衡量。产业集中度计算简便，可以形象反映产业集聚的分布情况，但该方法易受到 n 值选取的影响，且无法准确描述除最大 n 个行业外的其他文化行业的产业集聚情况。

（2）区位熵

区位熵主要反映一个区域的产业专业化水平，可以衡量文化产业的集聚程度，以及某个区域在全国范围内的集聚优势程度，区位熵的计算公式表示如下：

$$E_{ij} = \frac{q_i}{\sum_{i=1}^{n} q_i} \Big/ \frac{Q_i}{\sum_{i=1}^{n} Q_i} \tag{4.5}$$

等式左边表示某个区域 i 的文化产业在全国的区位熵，等式右边是一个比值。比值的分子中 q_i 为某区域文化产业的有关指标，如就业人数、产值、销售额等。比值的分母中 Q_i 为全国范围内的上述相同指标，n 表示文化产业的企业数量。

（3）莫兰指数

莫兰指数在空间经济学中应用较为广泛。其中全局莫兰指数用于衡量不同地区的空间关联性和彼此间的差异，而局部莫兰指数用于分析局部地区的空间产业集聚程度。全局莫兰指数越大，地区文化产业与相邻地区间有强相关性，会呈现局部产业集聚。

全局莫兰指数的计算公式表示如下：

$$MI = \left[\sum_{i=1}^{n}\sum_{j=1}^{n} W_{ij}(Y_i - \bar{Y})(Y_j - \bar{Y})\right] \Big/ S^2 \sum_{i=1}^{n}\sum_{j=1}^{n} W_{ij}$$
$$S^2 = \frac{1}{n}\sum_{i=1}^{n}(Y_i - \bar{Y})^2,\ \bar{Y} = \frac{1}{n}\sum_{i=1}^{n} Y_i \tag{4.6}$$

其中，Y_i 表示 i 个地区的文化产业指标，n 是地区的数量，W_{ij} 表示空间矩阵，i 与 j 表示任意元素。

局部莫兰指数计算公式如下：

$$I_i = \frac{(Y_i - \bar{Y})}{S^2}\sum_{j\neq 1} W_{ij}(Y_j - \bar{Y}) \tag{4.7}$$

（4）赫芬达尔指数

赫芬达尔指数（Hirschman–Herfindahl Index）是由 Hirschman 提出经由 Herfindahl 完善。计算公式表示如下：

$$H = \sum_{j=1}^{N} s_j^2 = \sum_{j=1}^{N}(X_j/X)^2,\ j = 1,\ 2,\ \cdots,\ n \tag{4.8}$$

其中，X 表示文化产业的总市场规模，X_j 表示文化企业 j 的规模，s_j^2 表示文化企业的市场占有率，N 表示文化产业的所有企业数量。

赫芬达尔指数可以简化为企业规模的函数。设定文化企业规模的平均值为：

$$x = \frac{1}{N}\sum_{j=1}^{N} X_j \tag{4.9}$$

该式标准差为：

$$\sigma^2 = \sum_{j=1}^{N}(X_j - x)^2/N = \frac{1}{N}\sum_{j=1}^{N} X_j^2 - \bar{x}^2 \tag{4.10}$$

定义 p 为企业规模系数，$p=\sigma/X$，则赫芬达尔指数可以简化为：

$$H = \frac{p^2 + 1}{N} \tag{4.11}$$

赫芬达尔指数取值范围是 0 至 1，该指数取值越接近 1，文化产业的集聚程度越高。赫芬达尔指数综合考虑了企业规模与企业数量两个主要指标，可以准确反映文化产业的集中度。简化后的赫芬达尔指数也比原基础指标更为直观和易于理解。

（5）空间基尼系数

Krugman 等学者利用洛伦兹曲线和基尼系数的原理构造了行业空间分布均衡程度的指标，即空间基尼系数。计算公式表示如下：

$$G = \sum_{i}(S_i - x_i)^2 \tag{4.12}$$

等式左边即空间基尼系数，S_i 表示地区的文化产业就业人数占全国文化产业就业人数的比重，x_i 表示地区的总就业人数占全国总就业人数的比重。因此，当 G=0 时，产业的空间分布均匀；G 越大，地区 i 文化产业集聚程度越高；当 G=1 时，文化产业在地区完全集聚。

（6）EG 指数

EG 指数是由 Ellison 与 Glaeser 在综合赫芬达尔指数与空间基尼系数的优点之后，建立了包括区域差异和产业组织等因素的产业集聚指标。计算公式表述如下：

$$EG_r = \frac{G_i - \left(1 - \sum_i q_i^2\right) H}{\left(1 - \sum_i q_i^2\right)(1 - H)} = \frac{\sum_{i=1}^{M} (p_i - q_i)^2 - \left(1 - \sum_{j=1}^{M} q_j^2\right)\sum_{j=1}^{N} R_j^2}{\left(1 - \sum_i q_i^2\right)\left(1 - \sum_{j=1}^{N} R_j^2\right)} \tag{4.13}$$

其中，p_i 表示地区 i 文化产业就业人数占全国的比重，q_i 表示区域 i 总就业人数占全国的就业人数比重。EG 指数可以将文化产业的规模与空间分布同时考虑进来，平稳测度产业集聚水平，因此越来越受到学者的欢迎。

根据本文的研究需要和数据的可获得性，本文选取区位熵和 EG 指数来衡量文化产业集聚度。

4.1.3.2 长江经济带文化产业集聚水平的实证分析

（1）测度方法与数据来源

本文的文化产业集聚研究旨在探讨作为服务业性质的文化产业能否通过产业集聚带来绿色经济效率的提升，本文选取了《中国文化文物统计年鉴》的行业分类中艺术表演、广播影视、图书馆业、文娱业、出版业、群众文化业共 6 个行业进行数据搜集。特别需要说明的是，本文的研究重点主要在于文化产业集聚提升绿色经济效率的机制，而非文化产业细分行业间的区别与联系。因此本文在部分现状研究中进行实证数据处理时，将文化产业作为一个整体产业进行甄别，进而将区域划分作为分组依据进行分类探讨，只在长江经济带的立体化描述中对文化产业进行分解叙述。

在文化产业集聚的指标选取上，本文选取了区位熵和 EG 指数两个指标衡量产业与区域层面上的文化产业集聚程度。其中区位熵的指标选取子区域的文化产业的年产值作为指征，EG 指数的指标选取长江经济带文化产业就业总人数[1]作为指征。指标计算严格按照上述公式进行，且本文从长江经济带的地级市层面上进行文化产业集聚和绿色经济效率的实证研究。为了更好地利用实证数据立体描述长江经济带的文化产业集聚现状，本文还将长江经济带分东中西三个部分进行分析。

本文的数据来自《中国统计年鉴》《中国城市年鉴》《中国文化文物统计年鉴》《中国广告年鉴》《中国新闻年鉴》及江浙沪等长江经济带的 9 省 2 市的 2007 年至 2016 年文化产业的相关数据。

（2）长江经济带文化产业集聚实证结果分析

基于不同区域的分析，本文利用区位熵公式（4.5）计算了长江经济带的 9 省 2 市共 108 个地级市的文化产业集聚度。为了更方便对比分析，同时也限于图表的篇幅，本文将 108 个地级市分别按照东中西部和城市规模进行分类之后，再进行大类的对比分析。其中，东、中、西部的分类是按照一般经济意义上的分类：东部地区包括江、浙、沪 3 个省或直辖市的 25 个地级市；中部地区包括皖赣、鄂、湘 4 个省的 52 个地级市；西部地区包括川、渝、云、贵 4 个省或直辖市的 31 个地级市。而城市规模分类则按照国家统计局的标准分为大中城市和小城市，其中大中城市共 29 个，小城市共 79 个。对上述分类标准下的区域文化产业集聚度进行对比分析，结果如图 4–4 所示。

从图 4–4 可以看出，长江经济带文化产业在东部地区和大中城市的集聚度特别明显。从区位熵的公式可以看出，当某一个地区的区位熵大于 1 时，即表明该地区的文化产业有集聚的现象。因此，东部地区的文化产业集聚程度不仅高于中部地区和西部地区，也远高于长江经济带产业集聚度的平均

[1] 文化产业的就业人员是指文化部门主办或实行行业管理的文化机构中进行工作并取得劳动报酬的全部人员。

水平。

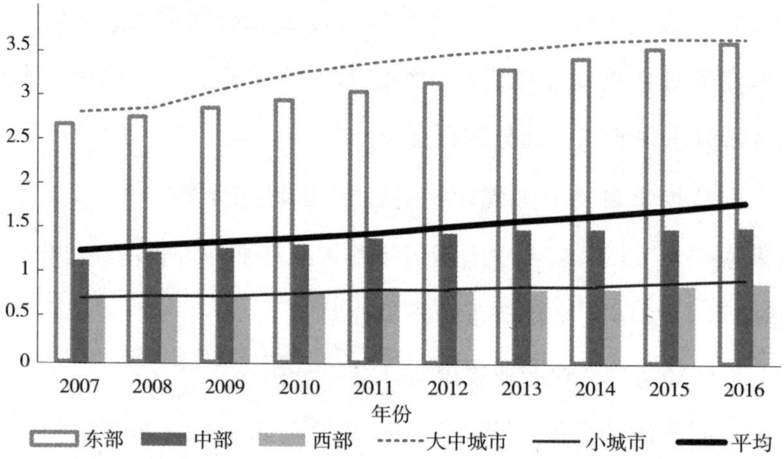

图4–4　2007—2016年长江经济带文化产业区位熵对比

中部地区的文化产业集聚度不太明显，目前刚处于产业集聚的起步阶段。而西部地区在近十年仍没有产生文化产业的集聚，这也与西部客观经济条件和人民文化需求不足有关系。以城市规模分类做对比发现，大中城市的集聚度更加显著，这与日常的直观感受是一致的。尤其是各直辖市、省会城市和副省级城市的文化产业远比其他地区发达，产生高集聚现象是必然的结果。

为了更直观的对比文化产业的集中程度，将 2016 年长江经济带文化产业的 6 个子行业区位熵进行城市排序，将每个行业的产业集聚度最高的前 5 名城市提出来做出表 4–3 进行对比分析。

通过表 4–3 可以发现，长江经济带文化产业的空间集聚特征十分明显，在所有文化产业的子行业中，空间集聚程度前 5 位的城市基本都位于东部地区。其中，南京市、上海市、杭州市各出现了 6 次，苏州市出现了 3 次；武汉市作为中部核心城市出现了 4 次，合肥和长沙分别作为省会各出现了 1 次；而西部城市重庆和成都共出现了 2 次，且都位列第 5 名。综合来看，文化产业空间集聚度最高的 5 个城市有 4 个在东部地区，只有 1 个在中部地区，而西部地区没有。从各城市的文化产业集聚的行业来看，南京市是艺术表演、广播影视和文娱业最集中的地区，图书馆业和群众文化业最发达的地区是杭州市，而上海市的出版业最发达。

表4–3　2016年长江经济带文化产业区位熵前5名城市对比

区位熵	1	2	3	4	5
艺术表演	南京（4.58）	上海（4.46）	苏州（4.33）	杭州（4.32）	武汉（4.21）
广播影视	南京（5.62）	杭州（4.82）	上海（3.96）	武汉(3.63）	长沙（3.32）
图书馆业	杭州（3.29）	南京（3.18）	上海（3.13）	合肥（3.05）	武汉（3.03）
文娱业	南京（3.47）	长沙（3.36）	杭州（3.33）	上海（3.15）	成都（3.06）
出版业	上海（3.27）	南京（3.13）	杭州（3.05）	苏州（2.96）	重庆（2.88）
群众文化业	杭州（2.39）	上海（2.24）	南京（2.16）	苏州（2.09）	武汉（2.02）
综合	南京（4.26）	上海（4.14）	苏州（3.77）	杭州（3.59）	武汉（3.44）

注　表中括号里为各城市的区位熵值。

在利用区位熵初步讨论了长江经济带的文化产业集聚的空间内部后，本文采用 EG 系数进一步比较长江经济带在基于行业层面上的产业集聚程度。根据 EG 系数的定义，一般认为数值大于 0.05 即视为行业出现了集聚现象。虽然多年来全国文化产业集聚现象不断增加，但长江经济带的文化产业集聚程度一直遥遥领先于全国一般水平。这与本文用区位熵反映出的文化产业集聚现象是一致的。为了进一步比较细分文化产业的集聚程度，本文作表 4–4 来进行分析。

表4–4　2007—2016年长江经济带文化产业子行业EG系数比较

子行业	2007	2008	2009	2010	2011	2012	2013	2014	2015	2016	平均
艺术表演业	0.056	0.053	0.069	0.070	0.071	0.073	0.076	0.071	0.072	0.074	0.069

续表

子行业	2007	2008	2009	2010	2011	2012	2013	2014	2015	2016	平均
广播影视业	0.223	0.216	0.218	0.223	0.226	0.232	0.234	0.228	0.231	0.236	0.227
图书馆业	0.046	0.047	0.048	0.046	0.050	0.051	0.052	0.052	0.055	0.056	0.050
文娱业	0.058	0.053	0.068	0.075	0.079	0.083	0.089	0.095	0.102	0.106	0.081
出版业	0.156	0.149	0.152	0.135	0.142	0.150	0.151	0.158	0.164	0.166	0.152
群众文化业	0.043	0.044	0.046	0.049	0.052	0.054	0.055	0.056	0.058	0.061	0.052

从表 4–4 中可以看出，在 2007 年，长江经济带仅群众文化业和图书馆业没有产业集聚的现象，而广播影视业和出版业已达到高度产业集聚的规模。经过十年的发展，所有文化产业的子行业都已经出现了文化产业集聚的现象，除了图书馆业，其他子行业都有显著程度的产业集聚。这一现象也从各行业的平均空间基尼系数得以判定。综合而言，6 个行业的平均基尼系数从高到低分别为广播影视业、出版业、文娱业、艺术表演业、群众文化业和图书馆业。

4.2　长江经济带绿色经济效率评价

4.2.1　绿色经济效率测度方法说明

本文所使用的超效率数据包络分析方法（Super–DEA），作为效率测度的前沿分析法，其计算原理在于通过输入模型中的生产投入和生产产出数据，通过数据规划和非参数估计，建立符合研究所假设的现实情况的一个生产可能性集合。同时，在根据每一个不同的 DMU 建立生产可能性集合的时候，要剔除该 DMU 本身的数据。之后，将每个 DMU 的投入产出的数值分别投影在上文所建立的生产可能性集合中，从中依次计算出每个决策单元的超效率值。众所周知，模型输出的超效率值能否计算准确、反映现实经济情况，取决于原始投入与原始产出实际数据的选取是否真实有效。投入与产出的原始数据指标必须为正数，且必须不能出现空值。因此，本文所采用的数据极个别出现空值的地方，均按照上下单位值进行加权平均补齐。其次，投入产出的数据指标要有一定的关联。投入与产出指标的计量单位可以不做统一要求，均可以进行量纲标准化。为了避免超效率 DEA 模型的输出结果出现过多完全有效的数值，当进行经济效率测度时，应尽量控制投入产出指标的数量。

本文在测度绿色经济效率时，为保证投入产出的指标选取具有科学性，从已有研究和经济理论中寻找依据。本文根据内生经济增长理论认为，劳动与资本要素和技术水平均作为投入条件纳入超效率 DEA 模型中。而已有研究对绿色经济效率的测度也基本都考虑了能源投入的影响。虽然经济模型中没有将能源投入作为控制变量，但对于能源投入作为生产成本，成为生产活动的必要条件，已有研究都予以确认。因此，综上所述，本文将劳动、资本、技术水平和能源作为四种主要投入要素放入超效率 DEA 模型中。在经济产出部分，由于公认的经济产出分为期望产出和非期望产出，期望产出一般均用于 GDP 相关的经济指标来衡量，而非期望产出一般表示的是经济活动对环境产生的负面影响。因此综合考虑本文的研究需要，结合已有研究经验，本文选取了工业废水、工业废气和工业固废三个相关环境污染指标进行复合计算。通过对上述投入产出指标的选取计算，本文旨在将超效率 DEA 的效率输出指标更接近现实情况。

本文绿色经济效率测度的研究对象是长江经济带的各城市，为此，本文选取长江经济带的 9 省 2 市共 108 个地级市进行相关指标的数据搜集。

研究时间跨度为2007年至2016年，各地市的投入产出的原始数据来自于各统计年鉴、统计局网站等。对少数缺失的数据，本文采用相邻年份相关指标加权平均计算所得。

4.2.2 绿色经济效率测度指标说明

根据前文所述，本文在超效率DEA模型中加入四项投入要素和四项产出要素，其中四项产出包括一项期望产出和三项非期望产出，在本节将做逐一说明。

（1）资本投入

现有的所有统计资料均没有将资本存量作为指标进行统计，本文借鉴有关绿色经济效率测度的研究方法，采用全社会固定资产投资作为指标衡量资本要素投入量。

（2）劳动投入

关于劳动力指标，本文采用各地市的本年末就业人员数和上年末就业人员数进行加权平均作为本年的劳动力要素投入量。需要特别说明的是，主要数据来自中经网统计数据库，个别缺失的年份数据根据各地市的《劳动统计年鉴》和长江经济带的各省统计年鉴进行补全。

（3）技术投入

借鉴已有研究的经验，本文采用各地市的本年末专利授权量和上年末专利授权量进行加权平均计算作为本年的技术要素投入量。

（4）能源投入

本指标采用各地市年末能源消费总量作为能源要素投入。

（5）期望产出

综合已有研究的经验结合本文的研究目标，此处采用各地市实际GDP

作为期望产出指标。实际 GDP 的计算公式如下：$GDP_{it}^{R}=GDP_{io}^{N}\cdot I_{it}$。其中，$GDP_{it}^{R}$表示地市 i 在 t 年以不变价格计算得到的实际 GDP，GDP_{io}^{N} 是地市；在基期的名义 GDP 值，鉴于在本文中实证数据从 2007 年开始，因此以 2007 年作为基期。I_{it} 表示地市 i 在 t 年以 2007 年作为基期的 GDP 指数。该指数在各统计年鉴中没有直接体现，本文根据每年度每个地市的 GDP 数值进行环比推算得出。

（6）非期望产出

为了保证非期望产出衡量的稳健性，本文选用了 3 个较有代表性的环境指标进行表示。其中工业废水和工业固废分别采用工业废水排放量和工业烟尘排放量作为指标进行收集。在此选用了其中较有代表性的工业二氧化硫排放量作为废气指标数据进行收集。

综上所述，本文采用 4 个投入指标和 4 个产出指标纳入超效率 DEA 模型进行效率测度。指标概括如下表 4–5 所示：

表4–5　绿色经济效率评价指标体系

指标	类别	指标构成	内容
投入指标	资本投入	固定资产	全社会固定资产投资值
	劳动投入	劳动力	年末劳动力就业人数
	技术投入	专利水平	年末专利授权量
	资源消耗	能源消费	年末能源消费总量
产出指标	期望产出	GDP	实际GDP
	非期望产出	废水排放	工业废水排放量
		废气排放	工业二氧化硫排放量
		固废排放	工业烟尘排放量

4.2.3　绿色经济效率测度结果分析

本文将上述数据结合超效率 DEA 模型进行长江经济带各城市绿色经济效率的测度。鉴于本文研究样本中包含了 108 个地级市，因此为结果分析方便考虑，在本节中仅展示分地区和分规模效率测度的对比。

本文首先对2007年至2016年长江经济带做全样本效率测度，结果如图4–5所示。同时，本文将长江经济带分为东中西部地区分别进行绿色经济效率测度，分类方法与前文一致。此外，本文还根据城市规模进行分类，分别进行绿色经济效率带测度。在长江经济带中共有29个大中城市，本文将剩余的79个城市定义为小城市。

对长江经济带绿色经济效率进行全样本测度，2007年至2016年间，长江经济带的绿色经济效率平均值为0.790，峰值出现在2012年，达到0.805。且不管是分地区还是分城市规模来看，效率损失都是存在的，根据测量结果，长江经济带地区没有一个地区的绿色经济效率处在前沿面上。考虑到长江经济带作为我国经济中坚地区，其经济发展速度和模式都是我国整体经济质量的重要指征。从近10年来的效率变动来看，绿色经济效率整体上升了3.82%，这说明以长江经济带主导的我国经济增长正慢慢摆脱粗放经济发展模式，逐渐向绿色发展模式转变。基于此，根据地区分类和城市规模分类对各子样本的绿色经济效率测度中具体分析。

首先观察东部地区的绿色经济效率走势，东部地区2007年至2016年的效率平均值为0.908，远远高于长江经济带地区的平均水平。且效率峰值达到了0.936，出现在2010年，是东部地区均值的1.03倍。当然，这也没有达到效率前沿面，说明即使是经济最发达、发展模式最健康的东部地区，其经济效率仍有提升的空间。其次，中部地区的效率均值就不如东部地区那么高，仅比长江经济带平均水平多了0.003，接近没有差别。而峰值出现在2014年，数值为0.827，是均值的1.04倍，相比东部地区和整个长江经济带，中部地区带的波动稍大。最后，西部地区的绿色经济效率最差，10年间的效率均值仅为0.668，低于长江经济带平均水平，远不如东部地区和中部地区。西部地区效率的峰值出现在 2015 年，数值为 0.691，是西部地区均值的 1.03 倍。综上，三个地区都出现了效率均值波动的情况，且三个地区的效率值与自身的经济发展状况一样出现了阶梯型下降。整体而言，长江经济带所有地区的绿色经济效率值都是稳中向好，但其间的波动仍值得本文后续广泛探讨。

本文将长江经济带的 108 个城市按照规模分为了大中城市和小城市，分别进行了经济效率测度。大中城市的绿色经济效率甚至要比东部地区的经济效率值还要高 0.005，且 2010 年大中城市的效率峰值也比东部地区峰值略高。除 2007 年为 0.890 外，其余每年的效率值都达到了 0.9 之上。相比之下，小城市的效率值远没有那么乐观。可以发现，长江经济带的小城市绿色经济效率 10 年间的效率均值只有 0.667，甚至比西部地区的均值还低。这说明，小城市尤其是西部地区的小城市在经济发展时付出的环境代价仍比大中城市要大。这值得政府在政策制定时引起重视，小城市的发展仍然存在粗放发展的现象。

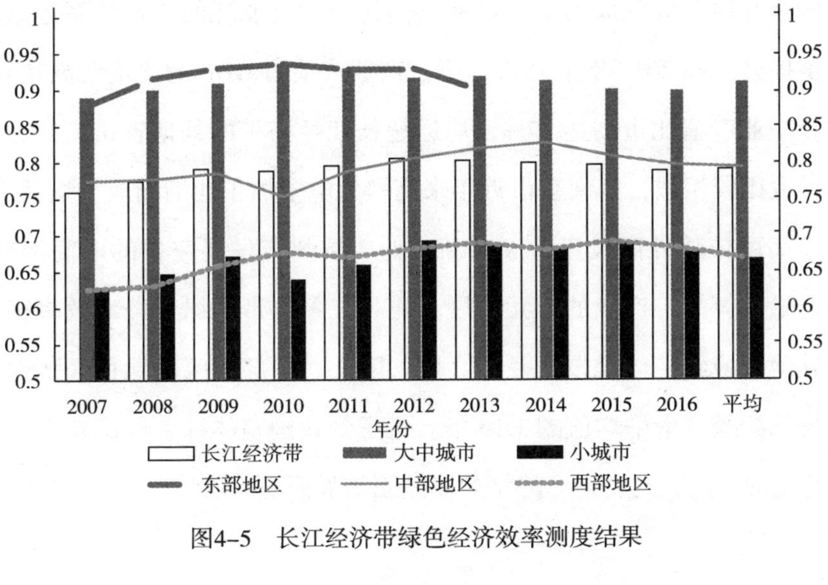

图4–5　长江经济带绿色经济效率测度结果

整体而言，长江经济带出现的地区差异较大，绿色经济效率的域间差距基本和经济发展的差距相似。东中西部地区间差异和不同规模的城市间差距都一样大到难以忽视。而这些地区内部省份是否还有效率上的差异，下文进行了进一步的分析。

图4–6描述的是东部地区3个省市的省级绿色经济效率值在2007年至2016年的变化情况。从3个省份的效率测度平均值来看，东部地区的绿色经济效率不仅整体水平较高，而且省际间的差距十分微小。本文初步认为这是因为长江三角洲的经济发展已逐步趋于一体化，其产业分工协作和区域经济协调发展已日渐成熟。因此，整个长江经济带的东部地区都处于绿色经济效率高度稳定的状态，经济发展的环境代价逐渐变小，经济发展质量逐步提高。分省来看，上海市的绿色经济效率高居第一，效率值长期处于0.9之上。而江苏省近年来也加快追赶，逐渐在减小与上海市的差距。浙江省近年来绿色经济效率有逐渐下滑的趋势，但整体来说仍处于绿色经济效率非常高的水平。近年来，整个东部地区的绿色经济效率因其高度发达的金融业和服务业已成为支柱产业，高污染和高能耗的工业体系逐渐外迁而逐步提升。如2017年上海市的第三产业产值占GDP的比重已高达67%，其中金融业产值比重高达17%，均远超长江经济带的其他省份。江苏省和浙江省也比较相似，如南京市近年来高精尖电子加工业渐渐成为支柱产业、苏州市高度依赖外商投资发展高新产业、杭州市发展完备的电商网络等。这些金融业等第三产业的迅猛发展，将长江经济带的绿色经济效率提升到全国其他区域经济体难以企及的高度。因此，东部地区的绿色经济效率平均值是长江经济带平均值的1.15倍。考虑到我国整体绿色经济效率近年来有了长足的发展，这个地区经济效率差距是显而易见的。

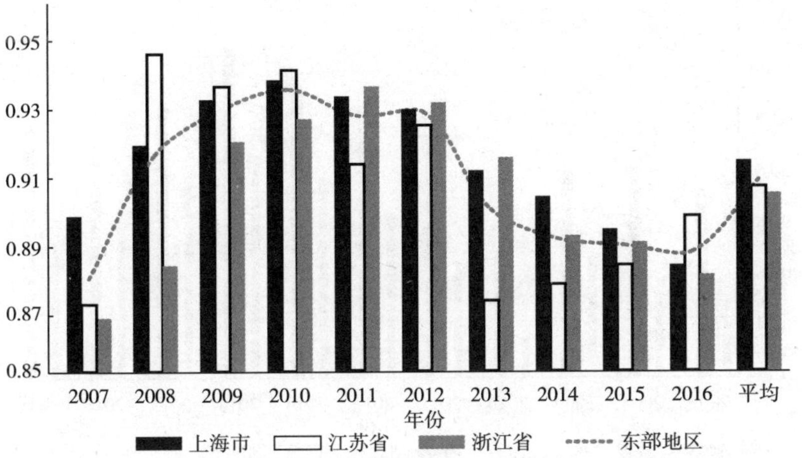

图4–6　东部地区分省绿色经济效率测度结果

图 4–7 描述的是长江经济带中部 4 省的绿色经济效率近年来的趋势情况。可以发现，与东部地区类似，中部 4 省地区间的绿色经济效率值差异非常小，基本处于同一水平。但不同的是，中部地区的平均绿色经济效率要整体比东部地区低 10% 左右。其中，湖南省和湖北省近 10 年来的绿色经济效率平均值在千分位的精确度水平是相等的，反映了两省在经济发展模式上有很相似之处。而安徽省和江西省相比上述两省则相对偏低，且低于中部地区平均水平。2016 年湖北省和湖南省的第三产业分别占当地 GDP 总量的 44.7% 和 46.4%，均为当地 GDP 的主要带动力，但第三产业比重的优势没有东部地区 3 个省市明显。而 2016 年安徽省和江西省的第三产业比重分别为 41% 和 47.4%。中部地区的 4 个省份第三产业比重发展优势不像东部地区那样明显，因此中部地区的绿色经济效率也因此被拖累。从增长趋势来看，中部地区的绿色经济效率近年来一直处于稳中有升的状态。且中部地区的第三产业比重虽然增长迅速，但绝对值与东部地区相比仍然有不小的差距。长久来看，只要中部地区以文化产业为主的第三产业增加值比重持续提高，绿色经济效率将在可预见的一段时间内不断增长。

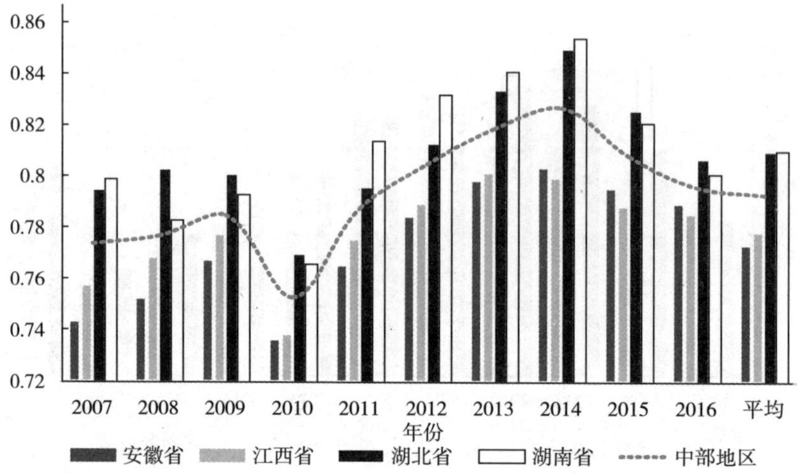

图4–7　中部地区绿色经济效率测度结果

图 4–8 描述了长江经济带西部地区 3 省 1 市的绿色经济效率近 10 年变动趋势。

西部地区各省市的效率都相对较低，但可以看到每个省之间差距都相对比较小。综合来说，西部地区的平均绿色经济效率仅达到长江经济带全域平均水平的 84.56%。其中平均效率最高的是重庆市，但也仅为 0.685，而贵州省和云南省在千分位水平上平均效率并列最低，仅为 0.654。云南省和贵州省在经济上互惠互利，发展模式基本一致，旅游业基本是本省第三产业的主要模式，因此绿色经济效率在历年提升的过程中基本保持一致。而贵州省 2017 年第三产业占 GDP 的比重为 44.9%，云南省 2016 年这一比重达到 46.2%。两个省第三产业均不是主要支出产业，其中贵州省第一产业比重高达 15.8%，云南省第一产业产值比重也高达 14.8%。因此，对比中部地区，尽管两省的第三产业比重类似，但由于第一产业比重过高，经济产出相对较少，因此，绿色经济效率也相对偏低。

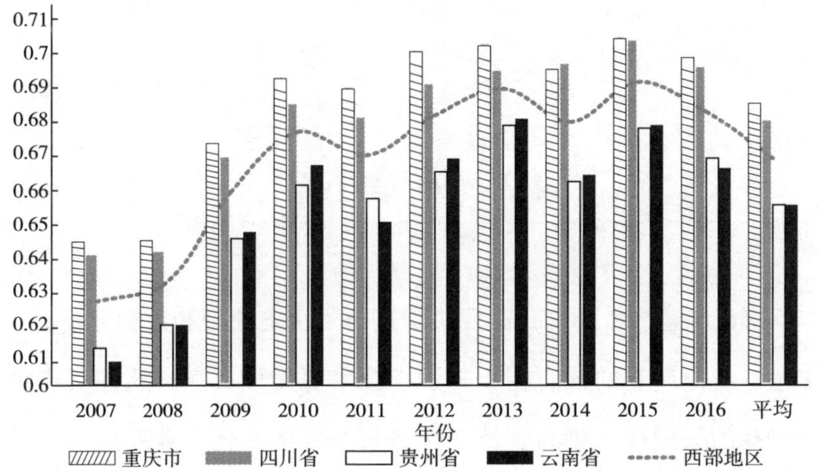

图4-8　西部地区绿色经济效率测度结果

再观察重庆市的绿色经济效率变动，可以发现重庆虽然作为西南大城市，但是效率仍然比不上中部地区的平均水平。本文认为这是由于重庆的三次产业比重失衡。2016 年，重庆的第三产业比重为 41.8%，与中部地区的平均水平相当，但第一产业比重高达 21.2%。第一产业比重过高带来的问题是同样的资源禀赋投入，换来的经济产出相对过少，导致绿色经济效率无法与其他以第三产业为支柱产业的城市相比。再观察四川省，其绿色经济效率与重庆市相近，平均仅低了 0.005。按照上文的逻辑，发现 2016 年四川省的三次产业比重为 12%：42.6%：45.4%。因此本文认为，整个西部地区省市绿色经济效率过低，主要是因为西部地区整体经济水平较低，第一产业的平均比重仍然过高，目前尚无法与东部地区高端服务业为主的产业发展模式相比。

4.3 本章小结

本章将长江经济带的文化产业集聚进行了历史梳理和数据分析。

首先，文化产业的核心在于知识、技术等无形资产，这些资产创造价值形成产业的关键在于创新。长江经济带在我国文化产业发展的过程中起到了中坚作用，本章在各段中从各个角度用数据证实了这一点。现阶段，我国文化产业的发展持续强劲增长，且文化产业对经济增长的贡献率也不断走高。

其次，本章对长江经济带地区文化产业的发展现状进行梳理，采用理论分析与实践调查相结合的方法对指标进行筛选。并采用综合指数法对上述指标体系测度的原始数据做图表对长江经济带的文化产业子产业的发展现状进行指标综合评价。

最后，本章结合研究需要选择了区位熵和EG指数来衡量文化产业集聚程度。在此基础上，本章对比了长江经济带东中西部不同区域及不同经济规模城市的文化产业集聚现状，分析发现，集聚现象主要出现在东部地区和大中城市地区，这与直观感受一致，也符合理论分析的预期。从文化产品的属性来看，其商品属性决定了文化产业发展要遵循经济规律、创造经济效益，因此文化产业必然向资源优势地区诸如东部地区和大中城市聚集。文化产业集聚程度最低的行业诸如图书馆业和群众文化业等，其原因主要在于自身客观条件所限和体制原因等。

本章还在以长江经济带为样本进行绿色经济效率的测度时，综合考虑原始数据和测度模型的处理难度，选择了超效率 DEA 模型。在指标选取上，本文综合考虑了经济效率的所有影响因素，选用了 4 个经济投入指标和 4 个经济产出指标。长江经济带绿色经济效率的测度也分为东中西部地区和不同城市规模。

在文化产业集聚和本章绿色经济效率的测度分析之后，本文将在下一章对前文研究假设进行实证验证。

第5章　长江经济带文化产业集聚对区域绿色经济效率影响的实证分析

5.1 文化产业集聚与区域绿色经济效率的动态非线性关系

对文化产业集聚与绿色经济效率的非线性关系的验证包括两部分。第一部分是做基础模型对研究假设 1 进行验证，第二部分在基础模型之上再扩展出非线性面板模型对研究假设 2 与研究假设 3 进行验证。

5.1.1 模型设定

本节旨在利用长江经济带各地市的实际数据对文化产业集聚提升绿色经济效率的机制进行验证，为此首先建立面板模型：

$$gee_{it} = \alpha_0 + \alpha_1 ene_{it} + \alpha_2 el_{it} + \alpha_3 open_{it} + \alpha_4 ul_{it} + \theta_0 cia_{it} + \varepsilon_{it} \tag{5.1}$$

在上述面板方程的基础上加入被解释变量的一阶滞后项作为解释变量，以考察绿色经济效率自身的动态调整机制。方程如下：

$$gee_{it} = \alpha_0 + \alpha_1 ene_{it} + \alpha_2 el_{it} + \alpha_3 open_{it} + \alpha_4 ul_{it} + \theta_0 cia_{it} + \theta_1 gee_{it-1} + \varepsilon_{it} \tag{5.2}$$

上述两个方程均为了验证研究假设 1 的真实性，为了验证研究假设 2 与研究假设 3，本文在上述模型的基础上加入原解释变量“文化产业集聚”的二次项同样作为新模型的解释变量。非线性面板模型方程如下：

$$gee_{it} = \alpha_0 + \alpha_1 ene_{it} + \alpha_2 el_{it} + \alpha_3 open_{it} + \alpha_4 ul_{it} + \theta_0 cia_{it} + \theta_1 gee_{it-1} + \theta_2 cia_{it}^2 + \varepsilon_{it} \tag{5.3}$$

在上述三个模型中，被解释变量是绿色经济效率，具体指标是利用超效率 DEA 模型测算出的长江经济带各地区考虑环境效应之后的经济效率。根据已有大量关于绿色经济效率影响因素的研究，本文选取了 4 个指标作为控制变量放入回归中。其中，*ene* 表示能源消耗强度，*el* 表示经济发展水平，*open* 表示经济对外开放度，*ul* 表示城市化水平。*cia* 代表文化产业集聚度，在本节的面板模型中一律采用区位熵来表示。考虑到所有变量的单位不同，数值波动巨大，因此本文将所有控制变量和解释变量做对数处理。

5.1.2　数据说明与描述性统计

在上述 3 个模型中出现的变量指标具体介绍如表 5–1 所示。

表5–1　面板模型变量说明

变量	含义	指标构建
gee	绿色经济效率	各城市按超效率DEA测度模型计算结果
ene	能源消耗强度	各城市按当年能源消费总量与实际GDP之比
el	经济发展水平	各城市按当年城市人均GDP
open	对外开放度	各城市按当年进出口总额与实际GDP之比
ul	城市化水平	各城市按当年城镇人口与年末人口之比
cia	文化产业集聚度	各城市按区位熵指标计算结果
cia^2	文化产业集聚度二次项	各城市按区位熵指标计算结果的二次项

在面板模型中，被解释变量采用上一章中本文对各城市绿色经济效率的实际测度结果。解释变量采用上一章中利用区位熵公式测算出的文化产业集聚度结果。同时，将文化产业集聚度做二次项处理，作为解释变量纳入非线性面板方程模型中，以验证研究假设。控制变量的选取根据已有研究的经验，选取了 *ene*、*el*、*open* 和 *ul* 纳入模型中。其中，*ene* 表示能源消耗强度，以地区能源消费总量与本地的真实 GDP 之比进行计算。将能源消耗强度作为控制变量可以非常好的消除各城市在能源消耗的单位效用上的

差距，以减少这种差距对绿色经济效率差异的影响。*el* 表示经济发展水平，参考岳书敬等学者的做法，本文采用每个城市的人均 GDP 作为指标。将其作为控制变量的目的是为排除每个城市的经济体量对绿色经济效率带来的冲击。所有研究都表明，在经济发展水平的不同阶段，绿色经济效率必然是不同的，因此将其作为控制变量是非常必要的。*open* 表示经济对外开放度，指标采用各城市进出口总额与实际 GDP 之比进行计算。Krugman 和 Elizondo 指出，开放经济条件下，产业集聚的出现可以促进地区经济的增长。因此，将对外开放度作为控制变量，可以将其推动增长作用剥离出来，以更好的分析产业集聚度对绿色经济效率的影响。*ul* 表示城市化水平，采用每个地区的城镇人口与当年当地的年末人口之比来衡量。与采取经济发展水平的原因类似，城市化水平的高低也直接影响经济效率的波动，因此本文将其作为控制变量加入回归分析之中。

本文所使用的原始数据样本来自于 2007 年至 2016 年我国长江经济带的各省市统计年鉴、中经网统计数据库和国家统计局网站等。由于本节的实证回归需要平衡面板数据，因此为不影响回归效果，极个别缺失值本文根据上下年度真实值进行加权平均计算之后予以补齐。在将所有解释变量和控制变量进行对数处理后，将变量描述性统计如表 5-2 所示。

表5–2　描述性统计

Variable	Std.Err.	Min	Mean	Max	Obs
gee	0.845	0.426	0.790	1.138	1080
ene	1.103	–0.075	0.127	1.272	1080
el	0.653	9.265	10.657	11.666	1080
open	0.125	–3.507	–1.363	0.201	1080
ul	0.980	–1.785	–0.792	–0.145	1080
cia	0.439	–0.480	0.351	1.530	1080
cia^2	0.878	–0.960	0.702	3.061	1080

注　上述描述性统计结果除绿色经济效率之外，均已进行对数处理。

5.1.3　计量方法的选择

本节选用面板固定效应和随机效应模型对研究假设进行验证，并通过豪斯曼检验（Hausman-test）对计量结果进行选择。同时，本文为验证文化产业集聚和绿色经济效率的动态关系，本节选用系统广义矩估计（SGMM）对动态面板模型进行回归验证。系统广义矩估计最初由布隆代尔（Blundell）和邦德（Bond）首先提出，并要求假定被解释变量的差分项序列与模型残差序列不相关，否则无法使用 SGMM，只能使用差分 GMM。而本文中绿色经济效率的差分项与模型的回归残差显然不相关，满足了 SGMM 的使用条件，因此对本文的模型可以采用系统广义矩估计进行回归。当然，系统矩估计的另一个优点是自动选取工具变量对模型进行 IV 估计，但需要进行过度识别检验，以避免工具变量的有效性缺失。而本文在估计时不仅进行了过度识别检验，还可以通过与普通面板模型的回归结果进行对比，以保证结果的可靠性。

在采用上述模型对研究假设 1 验证后，本文还加入了解释变量的二次项，以验证研究假设 2 与研究假设 3 的正确与否。非线性动态面板模型在保留了线性动态面板模型的优点之外，还加入了对解释变量二次项的验证。大量研究证明，在有限样本的条件下，非线性动态面板模型可以进行准确有效的 GMM 估计。因此，本文的模型选用在理论上均可以实现预定目标。

5.1.4　面板方程回归结果分析

在进行面板方程回归之前，首先对数据样本进行平稳性检验。为了保证单位根检验结果的稳健度，本文选取了实证研究中常用的 4 种检验方法，分别是 LLC 检验、IPS 检验、ADF-Fisher 检验和 PP-Fisher 检验等，检验结果如表 5-3 所示。

表5-3 单位根检验

变量	LLC	IPS	ADF-Fisher	PP-Fisher
gee	-1.1587** (0.0273)	11.3618* (0.0762)	-4.1735*** (0.0086)	-4.4046* (0.5987)
ene	-2.2684*** (0.0017)	12.2168** (0.0485)	-3.3250*** (0.0006)	-4.6811** (0.3654)
el	2.3541* (0.0961)	2.6162 (0.9963)	-2.4983* (0.0759)	-2.5958*** (0.0053)
open	0.1598** (0.0262)	0.7832** (0.0263)	-4.2591** (0.0469)	-1.8219*** (0.0058)
ul	-7.9743*** (0.0000)	-0.7138** (0.0170)	4.4355*** (0.0000)	0.1596** (0.0255)
cia	-2.2168*** (0.0017)	1.0572* (0.0826)	-2.8591** (0.0379)	-1.8984* (0.0712)
cia^2	-2.1648*** (0.0018)	1.0326* (0.0965)	-2.6872** (0.0406)	-1.6987** (0.0364)

注 ***、**、* 分别表示在 1%、5%、10% 的显著性水平上拒绝存在面板单位根的原假设，括号内为单位根检验的 *P* 值。

观察表 5-3 可以发现，绝大部分单位根检验均可以通过，仅有两个指标的某个检验值没有符合要求。在将其进行一阶差分后重新进行单位根检验，发现也符合要求，不存在单位根现象。综合来说，本文选取的数据样本质量符合实证要求。

在保证数据结构平稳之后，本文对式（5.1）进行了简单最小二乘回归（OLS）、面板固定效应模型回归、面板随机效应模型回归，对式（5.2）进行了一阶滞后的动态面板回归。回归结果显示，绿色经济效率的一阶滞后项均在 1% 的水平上显著为正，因此模型的设定合理有效。自相关检验结果为 0.6548 说明了动态面板模型的残差不存在二阶自相关，因此接受“扰动项无自相关”的原始假设；过度识别检验结果为 0.0364 说明了在 5% 的显著性水平上“模型所用的工具变量均有效”的原始假设是成立的。上述两个检验均说明动态面板的回归结果是有效的。全样本下 SGMM 模型的回归相比于 OLS 模型与面板固定效应模型结果均有效，本节和之后的分析均以 SGMM 的结果为主。

回归结果显示，控制变量的回归系数全部显著有效，其中绿色经济效率的一阶滞后项的系数值相对最高。这表明绿色经济效率具有发展的连续性，经济效率的推升可以让经济持续发展。而其他控制变量对绿色经济效率均有显著负向作用，这与我们的现实直觉基本一致。经济发展程度越高，经济发展的潜力越小，绿色经济效率的提升也越来越难。对外开放度越高，经济受到的冲击越大，经济效率越易受到波动。观察文化产业集聚度对绿色经济效率的冲击作用，所有模型均反映出文化产业集聚可以提升绿色经济效率，这与理论分析的预期一致，即研究假设 1 是正确的。但是仅 SGMM 的回归结果是在 10% 的显著性水平上拒绝原假设的，综合样本数据的质量，本文认为这是由于研究假设 2 和研究假设 3 的潜在可能性导致的样本处于一个非线性过程中。因此，本文在通过上述模型验证了文化产业集聚提升绿色经济效率的这一门槛假设之后，将要通过对样本的分类和模型的改进对其中的影响机制进行进一步探讨。

在验证假设 1 的基础上，本文将文化产业集聚度二次项分别加入 SGMM 模型中进行估计，试图分析二者的非线性关系，并验证研究假设 2 与研究假设 3，回归结果如表 5–4 所示。

表5–4　非线性SGMM模型估计结果

变量	被解释变量*gee*					
	（1）	（2）	（3）	（4）	（5）	（6）
L1.	—	0.726*** （–10.56）	0.717*** （–9.48）	0.694*** （–9.03）	0.658*** （–8.52）	0.649*** （–8.17）
ene	—	—	–0.059** （–2.66）	–0.062** （–2.97）	–0.055*** （–3.08）	–0.048*** （–3.13）

续表

变量	被解释变量gee					
	(1)	(2)	(3)	(4)	(5)	(6)
el	—	—	—	0.032* (−1.48)	0.047 (−2.63)	0.052* (−1.36)
open	—	—	—	—	−0.038* (−1.69)	−0.032** (−1.53)
ul	—	—	—	—	—	−0.015* (−0.99)
cia	0.012** (−1.26)	0.019*** (−2.79)	0.027*** (−3.32)	0.041** (−4.06)	0.039*** (−3.64)	0.048*** (−4.25)
cia^2	−0.025*** (−1.59)	−0.029*** (−2.12)	−0.038*** (−2.00)	−0.035** (−2.69)	−0.041*** (−2.98)	−0.046*** (−2.64)
constant	−0.026** (−2.31)	−0.159** (−4.61)	−0.293** (−5.36)	−0.351** (−4.03)	−0.225** (−4.88)	−0.399** (−3.26)
N	1080	1080	1080	1080	1080	1080
AR(1)	0.001	0.001	0.001	0.002	0.001	0.002
AR(2)	0.189	0.203	0.206	0.216	0.198	0.205
Sargan	0.236	0.248	0.256	0.269	0.278	0.295
Diff-Sargan	1	1	1	1	1	1

注　*L*1. 表示被解释变量的一期滞后项，*N* 表示观测对象数量，AR（1）与 AR（2）分别是一阶和二阶自相关检验，Sargan 表示过度识别检验，Diff-Sargan 表示工具变量合理性检验。***、**、* 分别表示 1%、5%、10% 的显著性水平，括号内为各系数标准差。

为保证控制变量的有效性和避免多重共线性，本文在非线性 SGMM 模型的基础上，对方程进行逐步回归，依次将相关控制变量加入回归中。从表 5-4 来看，模型的 6 组回归均合理有效。

观察表中回归结果第一行因变量一阶滞后项的回归系数可以发现，在加入滞后项的五组模型中该指标系数均在 1% 的水平上显著为正，且一阶滞后项项系数分别为 0.726、0.717、0.694、0.658 和 0.649。这说明动态面板模型的设置极为必要，绿色经济效率的一阶滞后项对其自身的影响不容忽视。

因此，从这一角度来说，只有在考虑这种因变量的滞后效应，才可以得到真实准确的动态非线性效应。

作为研究主要对象，本章首先分析文化产业集聚与绿色经济效率之间的非线性关系。观察第二组至第六组的回归结果，文化产业集聚的一次项至少在 5% 的水平上对绿色经济效率显著为正。不管加入何种控制变量进行约束，文化产业集聚对绿色经济效率的影响始终相对呈现倒 U 形曲线关系。换言之，文化产业集聚对绿色经济效率存在非线性效应，具体而言产生了先促进、后抑制的作用。这与理论分析基本一致，具体原因在于，在文化产业集聚的初期，规模效应不断扩大，产业集聚的红利不断被挖掘。随着规模效应的增加，文化产业在人力资本和公共服务设施的使用上的平均成本不断下降；企业间信息共享机制初成规模，信息不对称程度开始下降，文化企业在生产技能上的共享成本降低。综合各种因素而言，文化产业集聚表现为对绿色经济效率的促进作用。但是规模效应无法永远持续下去，随着边际效应递减，产业集聚开始出现各种“拥挤效应”：人力资本向集聚中心地区靠拢，在超过一定限度后，为人口服务的交通、土地、医疗教育等公共资源开始出现紧张，同时也可能出现高度产业集聚前不会出现的环境污染现象。集聚度提高带来生产效率的提高很快就被公共服务成本的迅速膨胀而抵消，在考虑环境效应后的绿色经济效率也将随着文化产业集聚度的提高而降低。结合上文对研究假设 1 的验证结果分析，可以发现长江经济带目前绝大部分城市的文化产业集聚对绿色经济效率仍然是推动作用。这一结果可以预见的是，地区差异将成为影响文化产业集聚对绿色经济效率的非线性效应的作用最重要的因素。当然，本文也要在下一部分重点讨论这种地区差异的影响，以便因地制宜进行分析，进而提出有针对性的政策建议。

为考察本文选取的控制变量的有效性，本文将各控制变量分别依次加入模型中进行回归，即第二组至第六组的结果。通过对比上述五组结果可以发现，本文依次加入不同控制变量后，文化产业集聚的一次项和二次项的系数值均发生了不同程度的变化。因此，本文选取的4个控制变量均高度有效且贴合实际，可以解释现实情况。首先，能源消耗强度对绿色经济效率的作用显著为负，因此我国在进行经济发展的时候所付出的环境代价要比其他国家大，也制约了绿色经济效率提升的可能性。长江经济带作为经济发展的核心地带，对资源消耗的依赖程度更甚于全国其他地区。其次，城市经济发展水平对绿色经济效率的贡献程度很高：经济发展水平每增加1%，绿色经济效率平均因此而提高0.052%。该结果说明近年来可持续发展国策理念的正确性，经济发展与环境保护是可以和谐共存的，并不会产生冲突。最后，对外经济开放度在5%的显著性水平上对绿色经济效率产生抑制作用。本文认为，这是长江经济带在进出口贸易结构中的高新产品比重较小所致。当低技术含量和高能耗产品的比重过大时，即使处于贸易顺差中，对外经济开放度提高也将致使环境污染加重、绿色经济效率降低。最后，城镇化水平的提高对绿色经济效率有轻微的抑制作用。本文认为这是由于城镇化带来了生态环境的退化，尽管居民环保意识提升，但仍不能促使环境的明显好转。

对文化产业集聚影响绿色经济效率的非线性机制进行全样本分析后，本文为了将地区差异进行分解对比，以更好地确定效应机制解释的正确性，特将长江经济带样本根据地区进行分类，然后按照表5–4中第六组的全控制变量模型对地区子样本作对比回归，结果如表5–5和表5–6所示。

表5-5　分东中西部地区非线性SGMM模型估计结果

变量	被解释变量*gee*			
	长江经济带	东部	中部	西部
*L*1.	0.649*** （-8.17）	0.598*** （-5.64）	0.640*** （-6.13）	0.721*** （-5.04）
ene	-0.048*** （-3.13）	-0.057** （-3.60）	-0.049*** （-2.16）	-0.035*** （-2.69）
el	0.052* （-1.36）	0.041** （-1.28）	0.047* （-1.33）	0.055* （-1.51）
open	-0.032** （-1.53）	-0.047*** （-1.26）	-0.031** （-1.55）	-0.023*** （-1.64）
ul	-0.015* （-0.99）	-0.009** （-0.68）	-0.011* （-0.92）	-0.020* （-1.01）
cia	0.048*** （-4.25）	0.044** （-3.83）	0.062*** （-4.21）	0.069** （-4.06）
cia^2	-0.046*** （-2.64）	-0.049*** （-2.87）	-0.024* （-2.80）	-0.014 （-5.33）
constant	-0.399** （-3.26）	-0.283*** （-2.69）	-0.385*** （-2.35）	-0.267*** （-2.44）
N	1080	250	520	310
AR(1)	0.002	0.000	0.001	0.001
AR(2)	0.205	0.352	0.274	0.299
Sargan	0.295	0.305	0.323	0.338
Diff-Sargan	1	1	1	1

注　*L*1. 表示被解释变量的一期滞后项，*N* 表示观测对象数量，AR（1）与 AR（2）分别是一阶和二阶自相关检验，Sargan 表示过度识别检验，Diff-Sargan 表示工具变量合理性检验。***、**、* 分别表示 1%、5%、10% 的显著性水平，括号内为各系数标准差。

表 5-5 是将长江经济带的所有城市按照东中西部地区分为三类，其中东部地区包括上海、江苏和浙江的 25 个城市，中部地区包括湖北、江西、湖南和安徽的 52 个城市，西部地区包括重庆、四川、云南和贵州的 31 个城市。分类标准依据国家统计局关于东中西部地区划分的传统分类。

利用分地区的子样本进行 SGMM 回归，各项平稳性检验均通过。观察绿色经济效率的一阶滞后项回归系数对比，西部地区的绿色经济效率要显著受到自身影响，且比全样本的影响要高，而东部和中部地区的绿色经济效率受影响程度均小于长江经济带平均水平。本文认为这是源于西部地区的绿色经济效率整体水平还相对较低，仍有较大提升空间，在绿色经济效率的快速上升期会受到自身平均水平的局限。而中东部地区绿色经济效率相对更高，自身局限性较小，更多地受到外部资源禀赋约束更大。再观察模型的解释变量文化产业集聚的一次项和二次项，东部地区的一次项系数要小于全样本下的系数，中西部地区的解释变量一次项系数大于平均水平。反观文化产业集聚的二次项系数，仅有东部地区高于全样本水平，中西部地区却远小于全样本的二次项系数，其中西部地区文化产业集聚的二次项对绿色经济效率的影响不显著。本文认为，这主要是因为中西部地区的文化产业集聚仍处于起步阶段和上升阶段，并没有达到所谓的倒U形曲线的拐点，因此，在非线性模型中中西部地区的回归结果不如全样本和东部地区那样完美解释现实情况。西部地区更甚，文化产业集聚对绿色经济效率的带动效应仍没有完全体现出来，相比于东部地区仍有很长的路要走。

为了进一步强化地区差异对文化产业集聚对绿色经济效率的机制效应影响对比，本文在上文东中西部地区的对比分析之外，还将长江经济带的108个城市按照城市规模进行分类，然后以此作为分组依据进行分析，结果如表5-6所示。

表5-6　分城市规模非线性SGMM模型估计结果

变量	被解释变量*gee*		
	全样本	大中城市样本	小城市样本
*L*1.	0.649*** （-8.17）	0.626*** （-9.33）	0.683*** （-7.26）

续表

变量	被解释变量gee		
	全样本	大中城市样本	小城市样本
ene	−0.048*** (−3.13)	−0.066*** (−2.39)	−0.040*** (−3.29)
el	0.052* (−1.36)	0.039* (−1.40)	0.058** (−1.68)
open	−0.032** (−1.53)	−0.042** (−1.63)	−0.026** (−1.50)
ul	−0.015* (−0.99)	−0.010** (−0.89)	−0.018* (−1.12)
cia	0.048*** (−4.25)	0.041*** (−4.03)	0.076*** (−4.88)
cia^2	−0.046*** (−2.64)	−0.051*** (−2.85)	−0.0052* (−2.77)
constant	−0.399** (−3.26)	−0.462*** (−3.09)	−0.854*** (−4.02)
N	1080	290	790
AR(1)	0.002	0.001	0.001
AR(2)	0.205	0.273	0.291
Sargan	0.295	0.322	0.282
Diff-Sargan	1	1	1

注　*L*1. 表示被解释变量的一期滞后项，*N* 表示观测对象数量，AR（1）与 AR（2）分别是一阶和二阶自相关检验，Sargan 表示过度识别检验，Diff-Sargan 表示工具变量合理性检验。***、**、* 分别表示 1%、5%、10% 的显著性水平，括号内为各系数标准差。

利用分城市规模的子样本进行 SGMM 回归，两个子样本模型的回归残差均能通过二阶无自相关检验，工具变量也可以通过平稳性检验。与分地区分析的结果类似，被解释变量的一阶滞后项系数对比之下，小城市的绿色经济效率更易受到自身的影响。原因也与中西部地区相同，小城市相比大中城市更不发达，绿色经济效率的提升更易被自身的效率水平所局限。大中城市跳出这一局限，相对更易被资源禀赋和环境因素所左右。文化产业集聚的一次项对绿色经济效率的影响，小城市要远比大中城市大。而二次项正好相反，小城市文化产业集聚的二次项对绿色经济效率的影响微乎其微。本文认为这与小城市的文化产业集聚的阶段有关。小城市的文化产业集聚仍处于倒U形曲线拐点的左侧，文化产业集聚仍可以提升绿色经济效率。部分大中城市则已经达到了所谓的拐点，因此二次项系数已显著为负。

在进行城市规模的子样本模型回归后，各控制变量的回归系数发生了变动。大中城市的能源消耗强度对绿色经济效率的影响要远高于长江经济带的平均水平，而小城市则低于平均水平。大中城市相对于小城市来说，对能源的依赖程度较高，能源消耗的变动会引起绿色经济效率更多的变动。小城市的经济发展水平对绿色经济效率的提升要远大于大中城市。与分地区模型回归结果相似，小城市的经济发展边际效应要高于大中城市，因此对绿色经济效率的提升效果要高于大中城市。大中城市的绿色经济效率对经济对外开放度的冲击反应高于全样本的指标系数，小城市样本反之。大中城市地区的经济对外依赖较大，经济结构相对更偏向于依赖外资水平，因此，经济对外开放度提高，大中城市的绿色经济效率的反应要更强烈。小城市对外资的依赖相对较小，因此绿色经济效率的应激性更小。小城市的城镇化水平明显不如大中城市高，在提升城镇化的过程中要消耗更多的单位资源，产生更多的环境污染，因此城镇化水平对绿色经济效率的负面冲击，小城市要比大中城市更为明显。

通过长江经济带的全样本分析和分地区、分规模分析后，本文证明了研究假设 1、假设 2 与假设 3 的合理性。但是截至目前所有的实证分析都是基于面板数据的基础上进行分析的，分析中没有包含每个城市个体的基础效应。实证所得出的结论也没有考虑个体实际效应的可能性。因此，为了继续验证研究假设 4 和研究假设 5，同时也是为了保证研究结论的角度丰富性，本文将每个城市的空间地理效应纳入考虑，利用空间计量模型对长江经济带文化产业集聚和绿色经济效率间的关系进行验证。

5.2　文化产业集聚对区域绿色经济效率的空间溢出效应

托布勒（Tobler）阐述了地理学第一定律，在现实经济社会中，每个地区的经济发展不可能独立于域内其他地区，因此必然受到周边地区经济发展水平的影响，且这种影响会随着地理距离的增加而减小。这就是我们利用空间面板数据将上文的实证结论扩展到空间上，从而更符合实际经济社会发展情况。所谓空间面板数据正是将原面板数据加上横截面单位的地理位置信息，变成包含了相互距离的经济数据，因此该模型同时考察了依赖性和异质性，适用性更强。

5.2.1　空间计量方法简介

若空间相关性检验没有通过，则设定的空间计量模型无法得出稳健正确的结果。空间相关性检验方法有很多种，诸如莫兰指数、R–LMERR、R–LMLAG 等。本文按照研究需要和指标数据可获得性，选取莫兰指数进行空间相关性检验。莫兰指数的计算公式如式（4.6）所示。莫兰指数的取值范围在 –1~1，取值的正负分别代表正负相关性。当指数接近 0 时，表示域内空间分布随机，相邻单位间基本不存在空间相关性。

在利用莫兰指数进行空间相关性验证才具备空间计量分析的可能。如上文所述，空间距离模型关注重点在于空间依赖性，这与地理距离直接相关。记域内 n 个区域的空间数据为$\langle x_i\rangle_{i=1}^{n}$，$i$ 表示不同区域。记区域 i 与区域 j 的距离为 w_{ij}，据此可以定义空间权重矩阵如下：

$$W=\begin{bmatrix} w_{11} & \cdots & w_{1n} \\ \vdots & \ddots & \vdots \\ w_{n1} & \cdots & w_{nn} \end{bmatrix} \tag{5.4}$$

其中，主对角线上的元素 $w_{11}=w_{22}=\cdots w_{nn}=0$，因为相同的区域的空间距离为 0。从上式可以看出，空间权重矩阵 W 是对称矩阵。最常用的距离函数为“相邻”，即如果区域与区域具有共同的边界，则 $w_{ij}=1$，反之 $w_{ij}=0$。而近年来的空间关系研究所采用的相邻关系定义更具显示意义，方法如下：定义 w_{ij} 为空间权重矩阵，表达式定义如下：

$$w_{ij}=\begin{cases} 1，若\ i\ 与\ j\ 相邻 \\ 0，若\ i\ 与\ j\ 不相邻 \end{cases} \tag{5.5}$$

而在实际研究中，一个区域的经济发展不光受到与其相邻的区域影响，也会受到其他地区的冲击。如在广义的长江三角洲城市圈中，安徽中南部的各城市不光会受到江苏省的影响，还会受到长三角龙头城市上海的经济辐射。而上海与安徽并不毗邻，为了解决这一实际存在的问题，在上述设定的基础上，相关研究中又提出了更能连续刻画邻近关系的方式，即定义空间权重为距离的倒数：

$$w_{ij}=\begin{cases} \dfrac{1}{d_{ij}},若 i\neq j \\ 0,若 i=j \end{cases} \tag{5.6}$$

值得一提的是，d_{ij} 既可以认为是地理距离，也可以在研究中根据需要变通为诸如经济距离等更为有针对性的距离表达形式。如林光平等学者在研究我国省级人均 GDP 收敛问题时，就采用地区间人均 GDP 差额作为测量“经济距离”的指标，事实证明这种度量方式更可以体现我国地区经济发展的实际情况。

本文所应用的空间滞后模型的表达式为：

$$Y=\rho WY+X\beta+\varepsilon \tag{5.7}$$

式中，Y 表示被解释变量，X 表示外生的解释变量矩阵，ρ 为空间回归系数，反映了域内其他地区对目标地区的经济影响，W 为 n 阶空间权重矩阵，WY 为空间滞后的因变量，ε 为白噪声序列的随机误差向量。

SEM 模型中空间相关性的存在不影响回归模型的结构，其表达式为：

$$Y=X\beta+\mu \tag{5.8}$$

其中，扰动项的生成过程为：

$$\mu=\lambda W\mu+\varepsilon\text{；}\varepsilon\sim N(0,\ \sigma^2 In) \tag{5.9}$$

式（5.8）中，Y 表示被解释变量，X 为外生解释变量矩阵，参数 β 反映自变量对因变量的影响；式（5.9）中，λ 为 $n\times1$ 阶的横截面因变量向量空间误差系数，W 为 n 阶空间权重矩阵，ε 为随机误差向量。对于空间误差模型而言，尽管扰动项 μ 存在着自相关，但是由于没有内生性，所以 OLS 估计结果具有一致性。但是 OLS 估计忽略了扰动项的自相关，因此估计结果损失了效率，为此，本文设定采用有效而一致的极大似然估计方法（MLE）。首先通过 GLS 计算 $\hat{\beta}$，然后通过一阶条件计算得到 $\hat{\sigma}^2$；其次，将 $\hat{\beta}(\lambda)$与 $\hat{\sigma}^2(\lambda)$代入极大似然函数中，求解得出最优的 $\hat{\lambda}$。

至于在实际实证检验中采用何种方法，需要视情况而定：如果变量间的空间相关性体现在被解释变量的滞后项中，那么采用空间滞后模型是可以解决问题的；但如果变量间的空间相关性体现了解释变量的误差项中，那么采用空间误差模型是更为合适的。而在进行实证之前，我们无法判断样本观测值的空间相关性存在形式，因此，也无法直接认定采用何种模型进行检验。为了解决这一问题，安瑟琳（Anselin）在研究中提出了一个标准用来判断上述问题。他认为，在空间相关性检验中采用稳健 LM 检验形式，如果 LMERR 与 LMLAG 的统计量更显著，且 R-LMERR 显著而

R–LMLAG 不显著，则应该建立空间误差模型来进行回归；反之应该选择空间滞后模型。当然，这个判断标准也有自身的局限性，即 LM 稳健检验必须针对横截面数据，对面板数据不适用。本文采用了分块对角矩阵，就可以把上述判断方法扩展到空间面板模型中去。

5.2.2 计量模型设定

为了研究长江经济带文化产业集聚对绿色经济效率的空间效应影响，本文借鉴于斌斌、金刚的做法建立基本空间计量模型，模型表达式如下所示。

$$gee_{it} = \rho\sum_{j=1}^{N} W_{ij}gee_{it} + \theta_1 cia_{it} + \theta_2 cia_{it}^2 + \beta X_{it} + \alpha_i + \nu_i + \varepsilon_{it} \quad (5.10)$$

其中，$\varepsilon_{it} = \lambda\sum_{j=1}^{N} W_{it}\varepsilon_{it} + \mu_{it}$。

因变量 *gee* 表示绿色经济效率，*cia* 表示文化产业集聚的水平，*X* 表示模型的控制变量。a_i、v_i、ε_{it} 分别表示模型的地区效应、时间效应与随机扰动项。ρ 表示空间滞后系数，λ 表示空间误差系数。ρ 与 λ 可以共同反映城市间的空间溢出效应。W_{ij} 表示模型设定的空间权重矩阵。本节的实证研究是基于这种非线性效应假设进行的，因此为了进一步考察空间模型中是否仍然存在这一关系，即验证本文在第 3 章做出的研究假设 4，在空间计量模型中，本文加入了自变量 *cia* 的二次项。

在参考已有研究的基础上，本文选取以下指标作为控制变量 *X*。首先，本文选取城市工资水平作为控制变量：劳动力成本是影响企业生产的主要因素，尤其是如今我国总体劳动力成本较快上升的现实情况下。当产出固定时，劳动力成本上升会导致企业主动寻求利用其他生产要素对劳动力进行替代。其次，本文选取人力资本作为控制变量，大量研究都证明人力资本表示的技术进步对企业生产效率提高作用是显而易见的。在本文中，将平均受教育年限作为代理指标。再次，本文选取经济环境作为控制变量：开放经济环境与封闭经济环境对资本存量水平的影响是显然不同的，因此将其作为控制变量，可以通过产业关联和技术外溢等因素考察对地区经济效率的影响。在本文中，将外商直接投资作为代理指标。最后，本文选取政府规模作为控制变量：在市场经济与政府干预并存的经济社会中，政府规模的大小将直接影响政府对经济活动干预的效果和频率，进而影响区域经济效率，因此将政府规模作为控制变量同样是非常必要的。综上，本文选取工资水平、人力资本、经济环境和政府规模 4 个指标构建空间计量模型的控制变量 X。因此，式（5.10）可以进一步扩展为下式：

$$gee_{it}=\rho\sum_{j=1}^{N}W_{ij}gee_{it}+\theta_1 cia_{it}+\theta_2 cia_{it}^2+\beta_1 wage_{it}+\beta_2 edu_{it}+\beta_3 fdi_{it}+\beta_4 gov_{it}+\alpha_i+\nu_i+\varepsilon_{it} \tag{5.11}$$

本文将在式（5.11）模型的基础上进行权重矩阵的构建和实证分析。

5.2.3　权重矩阵构建

空间权重矩阵旨在表明每个独立单元之间在空间上的相互依赖性和关联程度。利用空间计量模型进行分析时，空间权重矩阵正确设定，直接决定了模型估计结果的稳健性。现有研究对空间权重矩阵的设定方法比较丰富，但概括来说主要有两种，分别是地理特征矩阵和经济特征矩阵。本文出于丰富实证结果、提高分析的全面性角度考虑，拟采用两种方法分别设定本文模型的空间权重矩阵。目前地理特征矩阵主要包括邻接权重矩阵和距离权重矩阵。其中邻接权重矩阵设定依据是式（5.5），相邻的城市权重矩阵值设定为 1，不相邻的城市权重矩阵值设定为 0；距离权重矩阵设定依据是式（5.6），在本文中 d 被设定为每个城市的市辖区之间的平均直线距离。

上述两个地理权重矩阵反映的是地理临近的城市在经济上的相关性，但是比地理距离更能反映经济相关性的权重指标是经济距离。本文为了全面展示经济水平、社会环境和资源禀赋等因素对模型的影响，借鉴了林光平等的研究，建立经济协动权重矩阵，且经济距离的指标选取各城市人均第三产业增加值。选取该指标的原因在于人均第三产业增加值最能综合反映各个城市的文化产业的发展水平，同时也与城市的经济社会环境息息相关。本文空间模型的经济协动权重矩阵设定如下：

$$\begin{cases} W_c = (\omega_{ij}) \\ \omega_{ij} = \begin{cases} \dfrac{1}{std(\varepsilon)}, & i \neq j \\ 0 \quad, & i = j \end{cases} \\ y_{it} = \alpha + \beta y_{it} + \varepsilon \end{cases} \tag{5.12}$$

其中，ε 为随机误差项，std 表示标准差，y_{it} 表示城市 i 在 t 年的人均第三产业增加值。两个城市的人均第三产业增加值差额表明其在文化产业上的经济相关性，残差波动范围越小，空间权重系数越大，反之越小。该空间权重矩阵的优点在于，可以通过某两个城市的人均第三产业增加值的协动程度高低来判断其相关性，因此可以用来作为经济距离的指标。而经济协动权重矩阵仅考虑了“经济距离”，没有考虑“地理距离”，因此，仍然不够完美。为了完善这一缺陷，本文进一步借鉴刘和东的做法，建立经济距离权重矩阵，设定方法如下：

$$W_d = \begin{cases} \dfrac{1}{d_{ij}} \times \mathrm{diag}\left(\dfrac{\overline{y_1}}{\bar{y}}, \dfrac{\overline{y_2}}{\bar{y}}, \dots, \dfrac{\overline{y_n}}{\bar{y}}\right), i \neq j \\ 0, i = j \end{cases} \tag{5.13}$$

其中，将地理距离权重矩阵考虑进去，是城市的人均第三产业增加值，是考察期内人均 GDP 的均值，建立 W_d 即为经济距离权重矩阵。综上本文构建了地理邻近权重矩阵、地理距离权重矩阵、经济协动权重矩阵和经济距离权重矩阵 4 种权重矩阵，全面考察不同城市间的空间依赖性和相关性。

5.2.4　指标选择与数据说明

在空间计量模型（5.11）中出现的变量指标具体介绍如表 5–7 所示：

表5–7　面板模型变量说明

变量	含义	指标构建
gee	绿色经济效率	各城市按超效率DEA测度模型计算结果
wage	工资水平	各城市按当年城镇职工平均工资
edu	人力资本	各城市按当年平均受教育年限
fdi	经济环境	各城市按当年外商直接投资额 / 元
gov	政府规模	各城市按当年财政收入与GDP之比
cia	文化产业集聚度	各城市按区位熵指标计算结果
cia^2	文化产业集聚度二次项	各城市按区位熵指标计算结果的二次项

在空间计量模型中，被解释变量依旧和前文一致，采取第 3 章中利用超效率 DEA 模型对各城市绿色经济效率的实际测度结果。解释变量同样采用第 4 章中利用区位熵公式测算出的文化产业集聚度结果。此外，文化产业集聚度的二次项也一并加入空间计量模型中，作为解释变量的一部分来验证文化产业集聚的空间溢出效应是否存在非线性关系。同时，也是在验证本文的研究假设 4。控制变量的选取根据已有研究的经验，选取了 *wage*、*edu*、*fdi* 和 *gov* 纳入模型中。其中，*wage* 表示工资水平，计算方法是每个城市的城镇职工平均工资。劳动力成本的最直接的反映就是职工的工资水平，同时也是企业生产的最直接支出成本。因此，劳动力工资水平变动会影响企业生产效率，将其作为控制变量可以非常好的消除各城市的工资水平差距对绿色经济效率的空间效应。*edu* 表示人力资本水平，就本文的研究目标而言，本文采用长江经济带各城市 6 岁以上人口的平均受教育年限来衡量人力资本水平。利用 primary、junior、senior 和分别表示小学、初中、高中

和大专及以上教育程度人口占6岁以上人口的比重，以6年、9年、12年和16年分别表示相应的平均受教育年限。那么，人力资本水平的计算公式为：$edu=6\times$primary$+9\times$junjor$+12\times$senior$+16\times$university。*fdi* 表示经济环境，采用外商直接投资额与GDP之比表示，其中外商直接投资额用年度平均汇率价格进行计算，GDP是利用平减指数进行平减之后的实际GDP。资本对经济环境的敏感度非常高，因此外商直接投资额可以直接反映当地的经济环境优劣。*gov* 表示政府规模，采用各城市年度财政收入与当年实际GDP之比。该指标可以较好的反映一个城市的政府规模是否处于合理水平，同时政府规模也决定了政府干预经济行为的效率。因此，本文将其同样作为控制变量加入空间计量的回归分析之中。

本文设定的空间计量模型所使用的原始数据样本来自2007年至2016年我国长江经济带的各省市统计年鉴、中经网统计数据库和国家统计局网站等。鉴于空间计量模型同样需要平衡面板数据，对于偏远城市的极个别缺失值，本文根据上下年度真实值进行加权平均计算之后予以补齐。对所有变量进行对数处理后，变量的描述性统计如表5–8所示。

表5–8　空间计量模型相关变量的描述性统计

Variable	Std.Err.	Min	Mean	Max	Obs
gee	0.845	0.426	0.790	1.138	1080
wage	1.158	9.221	10.202	11.205	1080
edu	0.342	2.028	2.164	2.416	1080
fdi	1.327	–1.546	–0.603	0.102	1080
gov	1.120	–1.895	–0.910	–0.171	1080
cia	0.439	–0.480	0.351	1.530	1080
cia^2	0.878	–0.960	0.702	3.061	1080

注　上述描述性统计结果除绿色经济效率之外，均已进行对数处理。

5.2.5　实证结果分析

（1）空间相关性检验

按照空间计量模型的设定，在进行实证分析前，首先进行空间相关性检验。本文采用莫兰指数对长江经济带的经济空间相关性进行分析。利用公式（4.6），采用 GeoDa 软件测算了 2007—2016 年这 10 年长江经济带的经济莫兰指数，具体结果如表 5–9 所示。从表 5–9 的结果可以看出，2007—2016 年，长江经济带经济莫兰指数在 1% 的显著性水平均能通过检验，这说明长江经济带的经济存在正向的空间相关性。

表5–9　2007—2016年长江经济带经济莫兰指数

年份	莫兰指数	P值	年份	莫兰指数	P值
2007	0.338	0.004	2012	0.366	0.002
2008	0.343	0.002	2013	0.368	0.002
2009	0.349	0.002	2014	0.369	0.003
2010	0.353	0.003	2015	0.367	0.002
2011	0.358	0.005	2016	0.367	0.001

从表 5–9 所示的长江经济带莫兰指数变动的趋势来看，2007—2016 年长江经济带莫兰指数集中在 0.338~0.369，且出现轻微的倒 U 形趋势。其中 2014 年莫兰指数达到了顶峰 0.369。在 2014 年之前，区域经济的空间相关性逐年升高，区域经济一体化不断成型。在 2014 年之后，空间相关性停滞不前，甚至出现略微下降。莫兰指数检验结果表明，长江经济带的经济发展在空间上并非随机状态，而是出现具有一定空间相关性，并出现明显的集聚现象。

本文为了验证地理距离影响空间相关性，根据长江经济带城市间距离进行莫兰指数的门槛值检验。在长江经济带各城市中，相隔最远的两个相邻城市距离至多300千米，因此，本文以300千米作为检验莫兰指数随地理距离变化的起始门槛值，检验结果如表5-10所示。

表5-10　长江经济带莫兰指数随地理距离变化趋势

年份	距离				
	(0~300]	(300~500]	(500~700]	(700~900]	(900~1100]
2007	0.156***	0.126***	0.100***	0.061*	0.035
2008	0.158***	0.127***	0.101**	0.062*	0.037
2009	0.161***	0.129***	0.103***	0.064*	0.038
2010	0.163***	0.132***	0.104**	0.065*	0.038
2011	0.165***	0.135***	0.106**	0.065*	0.039
2012	0.169***	0.137***	0.107**	0.065*	0.040
2013	0.173***	0.138***	0.108**	0.066*	0.040
2014	0.175***	0.140***	0.108**	0.067*	0.041
2015	0.176***	0.141***	0.107**	0.067*	0.041
2016	0.177***	0.141***	0.109**	0.067*	0.042

注　***、** 和 * 分别表示在1%、5%和10%的显著性水平上通过检验。

可以看出，长江经济带城市绿色经济效率空间相关性随着地理距离增加而逐渐下降，且当距离超过900千米后，相互间空间相关性不再显著。这个结果不仅再一次证明长江经济带经济发展满足空间相关性，还证明了本文的研究假设5，也即满足地理学第一定律。综合检验结果，本文可以认为空间计量模型的建立符合长江经济带实际情况，可以进行回归分析。

（2）空间回归结果分析

本文根据前文设定的空间计量模型和估计方法，使用Matlab对式（5.11）进行参数估计检验。在进行长江经济带全域的空间计量分析之后，本文还参照上文的非线性面板回归的做法，将长江经济带分为东、中、西3个地区，分别进行区域样本的空间效应分析。从空间计量原理来说，空间模型包括固定效应和混合效应两种，其中固定效应具体包括空间固定效应、时间固定效应和双固定效应模型 3 种参数形式。混合效应模型在考察经济问题时，对地区差异考虑不足，时间固定效应在实证中也有类似问题出现，因此这两类模型均不予考虑。而双固定效应则同时考虑了空间与时期的影响，可以更准确反映经济问题的实际影响。本文在进行实证研究时，同时使用了双固定效应模型和空间效应模型。检验结果发现，空间固定效应模型的估计结果更为适合分析。

首先进行长江经济带全域的空间回归分析。空间依赖性 LM 检验的结果与模型参数显示，本文建构的 4 种空间权重矩阵都选取空间滞后模型（SLM）作为结果，且所有模型调整后的可决系数 R^2、$Sigma^2$ 和 Log–L 等统计量均显示，回归的模型拟合程度较好，结果具有非常强的可信度。因此，本文对长江经济带各城市的文化产业集聚影响绿色经济效率的空间效应分析可以据此展开。

从表 5–11、表 5–12 反映的全域样本回归结果可以发现，本文设定的 4 个回归模型的空间相关系数在 1% 的显著性水平都可以通过检验，回归系数值分别为 0.429、0.523、0.622 和 0.558。这表明，不管是设定地理权重矩阵还是设定经济权重矩阵，长江经济带各城市的绿色经济效率发展产生都会对邻近地区产生显著的影响，域内的绿色经济效率变化会在一定程度依赖周边地区及经济形势相似的地区的绿色经济效率。进一步对比 4 个模型的空间相关系数，可以发现经济权重矩阵的相关性系数要明显比地理权重矩阵高，这表明在本文的长江经济带样本中，经济权重矩阵相对更可以解释现实情况。比起地理上的邻近，经济情况相似更能解释长江经济带城市间的空间相关性。这个事实发现与已有的一些研究是一致的，吉利（Gilly）和托雷（Torre）给出了类似的观点。随着我国经济体制的转变，空间距离对经济的影响已经远不如过去，交通网络的发达和互联网的普及，将众多经济模式相似的城市间联系变得更加紧密，尤其是以文化产业为主导的服务业驱动型城市，会更多地进行互动交流和经济贸易往来。如此一来，资源流动频繁、网络构建更完善，经济邻近会比地理邻近对经济效率的发展影响更大。

表5-11　长江经济带全域空间依赖性LM检验

检验方法	地理邻近权重	地理距离矩阵	经济协动矩阵	经济距离矩阵
LMLAG	244.392***	232.382***	391.237***	301.412***
R-LMLAG	213.201***	198.655***	364.303***	288.262***
LMERR	102.448***	73.932***	172.119***	89.321***
R-LMERR	22.339**	42.375**	99.327*	19.739**
结论	SLM	SLM	SLM	SLM

注　***、** 和 * 分别表示在 1%、5% 和 10% 的显著性水平上通过检验，括号内为系数的 t 统计量。

表5-12　长江经济带全域空间计量模型回归结果

变量	地理邻近权重	地理距离矩阵	经济协动矩阵	经济距离矩阵
cia	0.114** (2.133)	0.089* (1.989)	0.156*** (2.379)	0.101** (2.308)
cia^2	−0.109*** (4.443)	−0.121** (4.300)	−0.112*** (3.887)	−0.104*** (3.560)
wage	0.127** (3.908)	0.133*** (4.784)	0.126* (4.113)	0.145*** (3.339)
edu	0.223*** (7.160)	0.210*** (7.229)	0.176 (6.555)	0.183** (7.805)
fdi	−0.076*** (9.282)	−0.052* (8.351)	−0.044** (6.400)	−0.043** (6.797)
gov	0.111** (5.770)	0.123*** (4.848)	0.102*** (3.433)	0.095** (3.874)
ρ	0.429*** (3.281)	0.523*** (11.757)	0.622*** (6.493)	0.558*** (12.481)
Ad-R^2	0.9802	0.9877	0.9920	0.9904
$Sigma^2$	0.0010	0.0018	0.0021	0.0012
Log-L	1024.392	1429.030	1302.473	1273.484
观测值	1080	1080	1080	1080

注　***、** 和 * 分别表示在 1%、5% 和 10% 的显著性水平上通过检验，括号内为系数的 t 统计量。

进一步分析地理权重矩阵的两种形式，可以发现地理邻近矩阵的空间相关系数（0.429）要显著低于地理距离矩阵的空间相关系数（0.523）。本文认为原因就在于地理邻近矩阵只刻画了互相邻近的地区之间的相关关系，而对距离再远的地区对本地区的影响直接忽略了。尽管地理距离直接影响地区间贸易往来、投资趋势和人才流动，但上述这些经济行为并不仅限于邻近地区的沟通。地理不相邻的地区也可以出现经济上的往来，尽管在交流频率上会因为地理距离的增加而减少（地理学第一定律）。综合而言，两个地区在地理位置上接壤或者邻近，地区间交流沟通会相对频繁，也有利于文化产业的集聚产生。因此，在研究地理特征对文化产业集聚提升绿色经济效率作用影响的时候，地理距离矩阵更能准确反映经济事实。再观察经济协动矩阵和经济距离矩阵的空间相关系数，发现前者系数值（0.622）要大于后者（0.558）。这表明各城市人均第三产业增加值变动所表示的经济协动矩阵可以更好地反映绿色经济效率的空间相关性。现实意义在于，各城市在支持第三产业乃至文化产业发展时，制定政策和确立制度都会充分借鉴第三产业比重和发展阶段较为相似的地区的成功经验，其外在表现就是两个经济形势相似的地区会加深交流和互动，其经济关系也相对更为密切。

从表 5–12 的结果可以看出，文化产业集聚的系数值在 4 个模型中均显著为正，而文化产业集聚的二次项系数值在所有模型里都显著为负，这说明文化产业集聚即使在空间模型中也存在倒 U 形关系。文化产业集聚对绿色经济效率的作用表现为先促进后抑制，在考虑了空间相关性的因素之后，文化产业集聚与绿色经济效率的关系仍然与非线性面板方程估计的一致。本文给出的可能解释为：近年来区域经济一体化正在逐渐形成，文化市场体系日益健全，文化市场规模不断扩大，文化市场结构日趋合理，文化产值稳步上升，各地区的文化产业集聚度均在不断提高，文化产业服务实体经济的能力也在不断提高。然而在空间模型中依然出现的文化产业集聚二次项系数为负，表明目前长江经济带文化产业集聚出现了提升效率上的瓶颈。这一瓶颈的出现有几个主要原因。首先，如上文所述，文化产业不断创造价值过程中出现的配图资源诸如劳动力、生产资料等成本的上升，以及为劳动力所服务的交通、医疗、教育等产业没有跟上脚步，这些因素都会导致产业集聚在提升绿色经济效率的途径遇到阻碍。其次，长江经济带各城市间的文化产业集聚在规模扩大后没有出现应有的技术溢出效应，反而导致了一定的技术保护和过度竞争的特征，这会不断压缩不同地区文化企业的利润率，进而降低绿色经济效率提升的速度。最后，地方政府在文化产业建设的制度保障上做的不够到位，各种免税政策及投资力度的缺失会导致文化产业不能与实体制造业、金融业等其他产业快速形成良好的互动机制，会在一定程度上导致文化产业对有限城市空间环境下经济运行的有效性产生负面效应。文化产业不可能“遗世独立”，必须依托实体经济和其他形式的服务业良性发展才能发挥对经济的推动力，才能展示对环境的友好性。因此，在文化产业集聚提升绿色经济效率的过程中，地方政府乃至中央政府都要加强宏观调控，不断提升配套公共服务的水平，强化各产业间的协调配合，建立完善的联动机制，进而有效促进绿色经济效率的提升。

在控制变量方面，长江经济带各城市的城镇职工工资水平（*wage*）系数在 4 个模型中均显著为正，这表明工资水平变动对绿色经济效率的促进作用是显而易见的。工资水平代表的是对劳动力的重视程度，对文化行业来说，劳动力的工资水平上升，可以在劳动力稀缺的状态下带来生产的积极性，进而带来绿色经济效率的提升。也就是说，在本研究选取的样本中，长江经济带劳动力依旧处于相对稀缺状态，工资水平提升依然可以有效促进绿色经济效率的提升。城市平均受教育年限（*edu*）在所有模型中均对绿色经济效率产生正向促进作用。平均受教育年限直接反映了每个地区劳动力的人力资本积累程度，而人力资本对生产的重要性在各经济模型中都得到了体现。人力资本的多寡决定了文化企业生产的创意性是否足够、生产方式是否合理、生产效率是否有提升空间，同时人力资本也决定着文化企业创新能力的高低。因此，本结论是符合现实情况，也符合经济学客观规律。经济环境（*fdi*）在 4 个模型中全部显著为负，本文对此的解释是，尽管外商直接投资高低代表着经济环境的好坏，但是面对外部投资冲击，本土产业是否能够因此得到提升却要打上一个问号。外商直接投资的增加带来的经济环境变好能否转化为绿色经济效率的提高，不仅取决于外商直接投资的领域重心，还取决于投资产业与本土产业有没有形成良性联动。前者关系到对环境效应、资源消耗等的影响程度，后者关系到产业集聚的有效性进而影响真实经济效率的提升。因此，在长江经济带各城市样本中，外商直接投资显然没有做到上述两种效应的正向影响。但是该结果并不能否认良好的经济环境的重要性，如何将经济环境的优势转变为地区绿色经济效率提升上才是重要的问题，这也需要地方政府的政策引导和税收支持等。长江经济带各地方政府规模（*gov*）的系数值在 4 个模型中均显著为正，这表明政府规模的扩大促进了绿色经济效率的提升，地方政府可作出的政策决策范围变大了，因此可以更有针对性地提出政策支持，经济效率提升也是顺其自然的结果。然而，这并不代表政府规模越大越好，只能说在本文的研究样本范围内，政府规模整体仍然处于适度的范围内，尤其是在经济体制转型改革的这些年来，城市化水平不断提高，地方政府在此过程中推动公共服务水平提升和农村剩余劳动力转移的工作成效显著。

在进行了长江经济带全域样本空间模型回归后，本文为了进一步结合地区特征做出分析，按照上一节的实证分析方法，将长江经济带分为东、中、西 3 个部分分别进行子样本回归，回归结果如表 5-13 与表 5-14 所示。

表 5-13、表 5-14 与表 5-15、表 5-16 显示了长江经济带东、中、西部三个区域样本的空间计量模型估计结果。空间依赖性 LM 检验结果显示，东、中、西部的 4 个矩阵模型均选择了 SLM 模型的结果。从可决系数 AR^2、$Sigma^2$ 和 Log-L 等统计量来看，4 个权重矩阵模型的方程拟合度都非常好，因此实证估计结果也是具有可信度的。再观察空间相关系数检验结果，可以发现所有 4 个模型的空间相关系数均可以在 1% 的显著性水平上通过检验，这表明地理特征矩阵和经济特征矩阵对绿色经济效率及其空间相关性都有显著正向作用。除了经济距离矩阵，其他 3 个模型中东、中、西部地区的空间相关系数都是依次递增的，即西部地区空间相关系数最高，中部地区的空间相关系数次之，东部地区的空间相关系数最小。而在经济距离矩阵中，中部地区的空间相关系数最高，但是西部地区也仅仅比中部地区少了 0.008。这表明，中西部地区绿色经济效率的发展空间关联性较高，而东部沿海地区的空间相关性较弱。比较 4 种权重矩阵模型的各区域空间相关系数，可以发现经济协动矩阵中东中西部地区空间系数分别是各地区的最高值，系数值为 0.722、0.733、0.758，这从侧面表明了经济协动矩阵可以更好地反映长江经济带经济的空间相关性。

表5-13　长江经济带分地区空间依赖性LM检验（地理矩阵）

检验方法	地理邻近矩阵			地理距离矩阵		
	东部	中部	西部	东部	中部	西部
LMLAG	73.188**	113.390***	68.291***	75.281***	120.721***	76.339***
R-LMLAG	49.236***	137.283***	77.282***	47.343***	148.002***	112.098***
LMERR	30.291***	52.072***	34.204***	64.277**	59.550*	13.229***
R-LMERR	9.208*	42.375**	22.181*	5.433**	27.345*	7.575***
结论	SLM	SLM	SLM	SLM	SLM	SLM

注　***、** 和 * 分别表示在 1%、5% 和 10% 的显著性水平上通过检验，括号内为系数的 t 值。

表5-14　长江经济带分地区空间计量模型回归结果（地理矩阵）

变量	地理邻近矩阵			地理距离矩阵		
	东部	中部	西部	东部	中部	西部
cia	0.099** （4.330）	0.093*** （3.998）	0.149 （4.549）	0.121** （4.215）	0.084*** （4.893）	0.155 （3.782）
cia^2	−0.104*** （2.811）	−0.082** （2.990）	−0.118* （2.338）	−0.079* （3.211）	−0.113** （3.443）	−0.144* （2.480）
wage	0.172** （3.291）	0.133*** （3.508）	0.130** （3.493）	0.172*** （3.011）	0.150*** （2.869）	0.152** （2.779）
edu	0.165** （6.499）	0.189** （6.131）	0.258*** （6.019）	0.137*** （5.788）	0.158*** （4.980）	0.232*** （4.592）
fdi	−0.087* （4.090）	−0.043** （4.718）	0.009*** （8.234）	−0.085** （3.925）	−0.022*** （3.471）	0.012* （5.865）
gov	0.096* （3.001）	0.112* （3.226）	0.155** （4.565）	0.101 （3.277）	0.132* （3.875）	0.167** （4.713）
ρ	0.488*** （10.735）	0.502*** （11.223）	0.565*** （8.993）	0.308*** （22.092）	0.499*** （14.533）	0.562*** （13.229）
Ad-R^2	0.9901	0.9923	0.9911	0.8988	0.9920	0.9720
$Sigma^2$	0.0008	0.0010	0.0013	0.0012	0.0016	0.0014
Log-L	399.566	392.183	277.606	366.672	264.908	300.241
观测值	250	520	310	250	520	310

注　***、** 和 * 分别表示在 1%、5% 和 10% 的显著性水平上通过检验，括号内为系数的 t 值。

表5-15 长江经济带分地区空间依赖性LM检验（经济矩阵）

检验方法	经济协动矩阵			经济距离矩阵		
	东部	中部	西部	东部	中部	西部
LMLAG	88.390***	165.761***	66.298***	32.468***	182.227***	70.338***
R-LMLAG	37.812***	134.691***	35.832***	31.229***	159.202***	35.380***
LMERR	92.433**	89.273**	42.628***	45.889***	29.671**	12.339*
R-LMERR	24.501*	35.778*	9.220**	8.229*	49.291**	5.455***
结论	SLM	SLM	SLM	SLM	SLM	SLM

注 ***、** 和 * 分别表示在 1%、5% 和 10% 的显著性水平上通过检验，括号内为系数的 *t* 值。

表5-16 长江经济带分地区空间计量模型回归结果（经济矩阵）

变量	经济协动矩阵			经济距离矩阵		
	东部	中部	西部	东部	中部	西部
cia	0.148*** （4.329）	0.137*** （3.437）	0.188 （3.946）	0.164*** （4.303）	0.129** （4.088）	0.197* （4.594）
cia^2	-0.131** （3.922）	-0.130*** （5.876）	-0.162* （5.919）	-0.122*** （3.481）	-0.166** （2.993）	-0.173* （4.320）
wage	0.147*** （3.922）	0.139*** （3.489）	0.152*** （3.999）	0.151*** （4.281）	0.110* （3.390）	0.118*** （8.396）
edu	0.172** （4.321）	0.221*** （5.434）	0.279*** （5.077）	0.188*** （6.502）	0.201** （5.111）	0.233*** （5.745）
fdi	-0.043** （3.994）	-0.021* （4.328）	0.031* （6.497）	-0.045* （3.770）	-0.011 （4.912）	0.028* （6.621）
gov	0.099* （3.290）	0.123*** （4.388）	0.149** （5.339）	0.108* （3.221）	0.100*** （2.205）	0.154*** （3.654）
ρ	0.722*** （13.252）	0.733*** （9.380）	0.758*** （10.503）	0.574*** （3.223）	0.676*** （10.298）	0.668*** （11.999）
Ad-R^2	0.9902	0.9933	0.9809	0.9927	0.9936	0.9918
$Sigma^2$	0.0016	0.0020	0.0011	0.0009	0.0007	0.0013
Log-L	283.283	300.897	298.667	212.877	233.671	244.361
观测值	250	520	310	250	520	310

注 ***、** 和 * 分别表示在 1%、5% 和 10% 的显著性水平上通过检验，括号内为系数的 *t* 值。

综合表 5-13、表 5-14、表 5-15 和表 5-16，文化产业集聚（*cia*）的一

次项和二次项的系数符号依旧与上文的长江经济带全域样本回归系数符合相同，但也有不一致的地方。定性而论，西部地区文化产业集聚的一次项和二次项在四个模型设定下均不是非常显著。相比之下，4 个模型中东部地区在这一系数值上都至少在 5% 的显著性水平上通过检验。本文认为，这是由于中西部地区文化产业集聚仍处于规模效应的时期，集聚度提高不会导致要素集中的拥挤效应，绿色经济效率仍会因此得到提升。定量而论，中西部地区的系数绝对值较高，东部地区相对偏小，甚至小于长江经济带全域平均值。东部因其发展程度较高，文化产业集聚对绿色经济效率的提升能力表现为先促进后抑制。西部地区和中部地区由于文化产业集聚仍处于起步阶段和上升阶段，因此文化产业集聚体现出来的是对绿色经济效率强劲的推动力。

观察控制变量的表现，模型的 4 个控制变量在所有矩阵设定下基本都显著，仅地理距离矩阵中的政府规模与经济距离矩阵中的经济环境两个变量系数是不显著的。首先，工资水平变量（*wage*）在所有模型中系数都显著为正，与全域样本回归结果一致。其次，人力资本变量（*edu*）的系数在所有模型中显著为正，同样与全域样本回归结果一致。可以发现，在所有模型中西部地区的人力资本系数值都是三个地区中最高的，且西部地区人力资本系数在所有模型中都普遍高于长江经济带全域平均值。这同样是符合实际情况的：西部地区对人才的吸引力明显不如中部地区和东部地区，尤其是文化产业这样以创意作为主要生产力的行业。因此，西部地区人力资本的丰富程度将更多的决定地区经济效率的高低。而东部和中部地区因为整体人力资本水平要高于西部地区，因此人力资本水平对绿色经济效率的推动不如西部地区那样强烈。最后，经济环境变量（*fdi*）系数值符号出现了相反的情况。西部地区的经济环境变量的系数出现了轻微但是显著的正效应，而东部和中部地区依然显著为负。本文认为，这是因为西部地区的经济水平不如东部和中部地区，因此外商直接投资在一定程度上提高了西部经济环境提升，进而可以促进绿色经济效率的提升。而东部地区和中部地区的产业结构已经日趋成熟，外商直接投资对经济环境的改善能力有限，更多的是对本土产业结构的冲击。最后，政府规模（*gov*）在 4 个模型中的系数都显著为正。区别在于，西部地区的系数值仍然是最高的。本文认为，西部地区市场经济不管从制度建设和发展水平上都不如东部地区和中部地区，因此经济效率提升所需的保障更多的不是市场自发的调整，而是地方政府亲力亲为的资金支持和政策激励。因此，从这一角度来说，政府规模的适度扩张是有利于绿色经济效率提升的。而东部地区和中部地区发达的市场机制可以取代地方政府，行使经济调节的职能。因此，两个地区政府规模的扩大对绿色经济效率的提升效果不如西部地区。

5.3　本章小结

本章在第 3 章理论机制和第 4 章指标测度分析的基础上，采用丰富的计量手段对上文的研究假设进行逐一验证。

首先，本章建立基础面板方程模型，验证文化产业集聚对绿色经济效率的提升作用。在此基础上，本章加入了解释变量的二次项，建立动态非线性面板模型以验证文化产业集聚对绿色经济效率的非线性效应。在计量方法上，本章采用固定效应和随机效应分别对研究假设进行验证，再通过豪斯曼检验进行选择。在此基础上，本文采用系统广义矩估计对动态非线性面板进行验证。为了验证本章选取的控制变量的有效性和保证不存在共线性问题，本章将控制变量依次加入模型估计中逐个回归。模型结果发现，长江经济带目前绝大部分城市的文化产业集聚对绿色经济效率仍然起推动作用，即仍处于倒 U 形曲线关系中的顶点左侧。因此，这一结果可以预见的是，地区差异将成为影响文化产业集聚对绿色经济效率非线性效应作用的最重要因素。因此，本章进一步对长江经济带不同地区和不同规模的城市样本分别进行全控制变量的子样本回归。地区和城市的分类标准依据国家统计局关于东中西部地区和大中城市的经济分类。子样本回归结果发现，文化产业集聚的一次项和二次项，东部地区的一次项系数要小于全样本下的系数，中西部地区的解释变量一次项系数则大于平均水平。文化产业集聚的二次项系数，仅有东部地区高于全样本水平，中西部地区远小于全样本的二次项系数，其中西部地区文化产业集聚的二次项对绿色经济效率的影响不显著。文化产业集聚的一次项对绿色经济效率的影响，小城市要远比大中城市大。而二次项正好相反，小城市文化产业集聚的二次项对绿色经济效率的影响微乎其微。通过长江经济带的全样本分析和分地区、分规模分析后，本章证明了研究假设 1、2 与 3 的合理性。为了验证研究假设 4 和研究假设 5，本章将每个城市的空间地理效应纳入考虑，利用空间计量模型对长江经济带文化产业集聚和绿色经济效率间的关系进行验证。

在设定空间计量模型之前，本章利用莫兰指数对长江经济带各地区的空间相关性进行验证。结果发现，各地区空间相关性较高，可以进行空间计量回归。在此基础上，本文构建了 4 个空间权重矩阵，分别是地理邻近权重矩阵、地理距离权重矩阵、经济协动权重矩阵和经济距离权重矩阵 4 种权重矩阵，全面考察了不同城市间的空间依赖性和相关性。之后本文构建了包括文化产业集聚的一次项和二次项、工资水平、人力资本、经济环境和政府规模等变量的空间计量模型进行实证检验。空间 LM 检验结果显示，空间滞后模型的实证结果更为可信。实证发现，文化产业集聚对绿色经济效率的作用表现为先促进后抑制，在考虑了空间相关性的因素之后，文化产业集聚与绿色经济效率的关系仍然与非线性面板方程估计的一致，即文化产业集聚即使在空间模型中也存在倒U形关系。与上一节类似，本章继续建立分地区的空间计量模型，以检验不同地区特征下该结论是否成立。实证结果发现，中西部地区的倒U形关系不如东部地区明显，本文给出的解释是：中西部地区由于还处于发展阶段，因此文化产业集聚体现出来的是对绿色经济效率的推动。

在进行充分有效的实证检验后，本文理论分析部分作出的所有研究假设均已得证。文化产业集聚对绿色经济效率的影响是多元化的，因此本文也将根据实证结果在下文提出有针对性的政策建议，以改善目前我国长江经济带文化产业建设中暴露出的问题。

第6章　文化产业集聚提升区域绿色经济效率的路径与政策

6.1 文化产业集聚提升区域绿色经济效率的路径

推动区域绿色经济效率不断提升，需要从政府、企业、消费者等各方入手，将文化消费、生态保护、政策制度等一系列与之相关的外部环境进行升级优化，绿色经济效率方能达到新的高度。长江经济带文化产业具有区域特色，因此在未来的发展中，应该着力将文化资源优势发挥出来。长江经济带横跨我国东中西部，各地文化资源禀赋不同、开发程度也各不相同。根据以长江经济带为例的理论与实证分析的研究结果，具体而言，本文认为绿色经济效率提升的路径如下。

6.1.1 全域适用的发展路径

在第 5 章中针对长江经济带全样本的实证结果发现，绿色经济效率具有发展的连续性，经济效率的推升可以让经济持续发展。而其他控制变量对绿色经济效率均有显著负向作用：单位 GDP 的能源消耗越多，绿色经济效率越低。经济发展程度越高，经济发展的潜力越小，绿色经济效率的提升也越难。对外开放度越高，经济受到的冲击越大，经济效率越易因此受到波动。城市化也对绿色经济效率的提升有负冲击。针对整个长江经济带的文化产业集聚现状而言，还有很多需要政府与企业共同努力的地方。

实证结果显示，不管加入何种控制变量进行约束，文化产业集聚对绿色经济效率的影响始终相对呈现倒 U 形曲线关系。随着规模效应的增加，文化产业在人力资本和公共服务设施使用上的平均成本不断下降；企业间信息共享机制初成规模，信息不对称程度开始下降，文化企业在生产技能上的共享成本降低。综合各种因素而言，文化产业集聚表现为对绿色经济效率的促进作用，但是规模效应无法永远持续下去。随着边际效应递减，产业集聚开始出现各种“拥挤效应”，集聚度提高带来生产效率的提高很快就被公共服务成本的迅速膨胀而抵消，在考虑环境效应后的绿色经济效率也将随着文化产业集聚度的提高而降低。结合上文对研究假设 1 的验证结果分析，可以发现长江经济带目前绝大部分城市的文化产业集聚对绿色经济效率仍然起推动作用。长江经济带空间计量模型实证检验结果显示，各城市的城镇职工工资水平系数在 4 个模型中均显著为正，这表明在本研究选取的样本中，长江经济带劳动力依旧处于相对稀缺状态，工资水平提升依然可以有效促进绿色经济效率的提升。城市平均受教育年限在所有模型中均对绿色经济效率产生正向促进作用，人力资本的多寡决定了文化企业生产的创意性是否足够、生产方式是否合理、生产效率是否有提升空间，同时人力资本也决定着文化企业创新能力的高低。对文化企业而言，可以从内到外进行质的提升。在内部建设上，第一，要加快培育企业的集团规模优势，组建文化产业集团，通过兼并重组、收购合并等商业形式扩大文化企业规模；第二，在政府进行企业生存环境优化改善的前提下，还是要提升文化产业集聚的专业化程度。从外部建设上来说，文化企业要积极与同质性企业进行全面而立体的创新合作，在企业合作间寻求新型集聚创新企业的生成，提高彼此间合作绩效。这样一来，文化企业的生产效率提高的同时，还可以提高文化产品生产的共有知识吸收，增强整个文化产业的生产能力。就文化消费市场建设来说，文化企业也有需要亟待改善的空间。首先可以打造多品种复合型消费区，将文化创意、休闲娱乐和商务消费等打包做成文化消费集聚区。通过对城市特色文化资源的挖掘，进行创新包装后向大众进行展示，提高文化消费的体验。其次，关注农村地区的文化消费市场。在上文的文化产业集聚指标构建中可以发现，农村文化消费市场仍然不发达，还有很大的开发空间。虽然我国农村传统文化消费观念仍然相对落后，但是随着新农村建设的深入，东部地区的农村文化消费水平近年来已经在快速提升中。文化企业在此过程中要因势利导，积极进行文化创意的普及，大力发展有针对性的农村文化消费市场。最后，文化企业要积极与国际文化企业进行交流，丰富国内文化市场门类。目前，我国文化产品的输出仍有较大局限性，存在结构单一、内容较少等问题。在世界文化产品消费市场上我国仍不占优势。文化企业就要在对外开放国策方针的顺风车上积极培育文化自信，与国外文化市场进行交流，扩大本国的文化消费选择。在注意培养企业间的生产分工网络的同时，要以社会和文化角度来营造互信互惠的关系网，改善整个文化产业在合作上的创新环境，加大知识产权保护力度，打击创意盗版行为，这样才能提高文化企业的创新合作意愿。此外，中央政府要积极鼓励文化企业与国有科研机构和各高校的信息交换。在文化产业发展程度较好的地区适时在当地高等院校开设相关专业带动产业的升级，这样也有利于文化产业的持续性发展。

长江经济带各地方政府规模的系数值在所有模型中均显著为正，这表明政府规模的扩大促进了绿色经济效率的提升，地方政府可作决策的范围变大了，因此可以更有针对性地提出政策支持，经济效率提升也是顺其自然的结果。然而，这并不代表政府规模越大越好，只能说在本文的研究样本范围内，政府规模整体仍然处于适度的范围内，尤其是在经济体制转型改革的这些年里，城市化水平不断提高，地方政府在此过程中推动公共服务水平提升和农村剩余劳动力转移的工作成效显著。对地方政府而言，要合理控制政府规模，提高行政决策效率。建立健全基层地方政府的决策机制，充分听取公共意见，拓宽民众沟通渠道，真正将民众利益诉求反映在政府决策中；充分听取专业意见，尽可能客观公正的做出决策；建立事后修正评估机制，在政府内部先进行政策绩效评估，同时将政务公开建立外部评估。此外，要加强地方决策执行力度。地方政府利益必须要与民众利益挂钩，才能保证政府做出的决策在执行中不会出现偏差。将行政执行机构精简，科学高效合理配置职能划分，进行部门间的分工合作，建立畅通的沟通机制，保证良好的共同工作关系。构建高效快速应急处理系统，在第一时间对环境问题做出快速反应。

全样本回归模型中控制变量的实证结果还显示，能源消耗强度对绿色经济效率的作用显著为负，这与目前我国的能源消费结构有较大关系；长江经济带作为经济发展的核心地带，对资源消耗的依赖程度更甚于全国其他地区；经济发展水平每增加 1%，绿色经济效率平均因此而提高 0.052%；对外经济开放度在 5% 的显著性水平上对绿色经济效率产生抑制作用。针对上述研究结果，本文提出以下建议：首先，要提升能源使用效率，改善能源使用结构。在煤炭开采地发展招商引资，引进竞争机制，用市场来淘汰落后煤炭企业，在能源现状严峻的事实下迫使煤炭资源的利用率被动提高。制定科学有效的能源使用政策，加大对煤炭清洁使用方法的研究支持，对相关创新研究加大资金扶持，积极调动煤炭企业和各相关高校进行清洁煤的技术开发。提升清洁能源的使用比重，并积极进行能源宣传，展开能源使用的转型。因地制宜根据资源禀赋的特色，有计划地开展清洁能源的普及。此外，要着力建设资源绿色核算体系，在进行能源定价时充分论证考虑生态破坏和环境污染成本，对矿产开发业征收生态补偿费，对高污染企业严格执行环保设备的购置使用标准。还要建立资源有偿使用制度，开展排污权的分配定价机制，让环境污染具象化到企业的生产成本中去。对现行能源标准进行优化，解决部分清洁能源差别定价问题，完善能源的差别定价机制，利用价格机制鼓励清洁可再生能源的使用效率和使用比例。

6.1.2 东部地区与大中城市的发展路径

在前文分地区样本回归中发现，东部地区及大中城市的绿色经济效率受影响程度均小于长江经济带平均水平，东部地区文化产业集聚的一次项系数要小于全样本下的系数，而二次项系数高于全样本水平。东部地区与大中城市由于已经跨越了“拐点”，逐渐出现了要素集中带来的“拥挤效应”，因此，在回归结果中出现了显著倒 U 形关系。东部地区和大中城市因为自身的文化产业集聚程度相对较高，发展水平也高于中西部地区，因此，在未来应以优化文化产业结构为主要方向。在现有文化产业的基础上，根据经济发展和技术潮流趋势，注意引导以数字网络、大数据等高新技术为主要手段的文化内容服务作为未来产业结构转型的方向，避免对文化市场盲从，应因势利导，改革走在形势变化的前面。

东部地区和大中城市的能源消耗强度对绿色经济效率的影响要显著高于长江经济带平均水平，东部地区与大中城市的经济发展水平要高于西部地区与小城市，导致对能源的依赖程度较高；经济对外开放度提高时，东部地区绿色经济效率的反应要更为剧烈，地方政府可以拓展文化消费的新形式新方法，鼓励文化产业结合互联网进行商务营销，打造具备特色的文化消费品牌，提升文化产业知名度。同时要扩大整个文化产业的人才储备量，继续建设和完善专业化人才的培养环境，提高文化产业的人力资本水平。地方政府要降低文化产业在投融资上的门槛，建立信用联动机制，拓宽文化企业的投融资渠道，引导社会资本向文化产业注资，发挥金融业对文化产业向更高层次发展的支持作用。

东部地区与大中城市的发展水平相对更高，因此在此基础上要注重发展质量的提升，即在绿色城市化的转型过程中注意创新思维的运用。在城市化建设的过程中政府部门要积极创新。一方面，根据每个城市自身特点，将老旧城区进行合理改造。在充分征求民意的基础上统筹规划城区建设，合理引导人口过密的中心地带人口向新城区转移，优化城市人口空间分布。在政府采购机制设计上也要注意引导绿色经济趋势，带动企业投资往绿色经济上转型。另一方面，要着力推动城市化配套制度改革，努力为绿色城市化打造光明大道。针对所有群众建立完善的法律法规制度，保障有法可依。据此建立环境监测体系，增加对意外环境事故的处理能力，提高环保执法水平，加大环保执法力度，严格监测新增城市人口带来的环境压力。针对企业建立一系列生态文明制度，如资源产权制度、资源使用制度、灾害责任划分制度、生态补偿机制等，力争让企业所有与生态有关的行为都有依据进行责任判定。推动户籍制度和土地制度改革，促进城乡公共服务一体化改革，保证新增城市人口在公共服务享受上与现有城市民众拥有同等权利。开放体制限制，将城市化建设向民间资本敞开。

6.1.3　中西部地区与小城市的发展路径

实证结果显示，中西部地区与小城市的绿色经济效率要显著受到自身影响，且比全样本的影响要高，这些地区的绿色经济效率整体水平还相对较低，仍有较大提升空间，在绿色经济效率的快速上升期会受到自身平均水平的局限。中西部地区和小城市应尽快提升本地区文化资源的产业化程度，积极与国内外文化产业运作管理先进地区交流。

中西部地区与小城市的市场经济，不管从制度建设和发展水平上都不如东部地区和大中城市，因此经济效率提升所需的保障更多的不是市场自发的调整，而是地方政府亲力亲为的资金支持和政策激励。因此，从这一角度来说，政府规模的适度扩张是有利于绿色经济效率提升的。而东部地区和中部地区发达的市场机制可以取代地方政府，行使经济调节的职能。地方政府可以以购买服务的形式引导文化产业结合地方特点提供多层次文化产品，还可以以文化产品消费补贴的形式鼓励消费者对文化产品进行更多的消费。在财政支出上对文化产业领域倾斜，提高文化产业园区的财政扶持力度。具体而言有多种优惠形式，如建立文化产业的政府性基金、对文化产业实行贷款减息、对产品销售实行更高力度的退税、对新型文化产品项目进行财政补贴、对文化企业的创新研发进行资本扶持等。这些多样化的财政补助形式可以全面涵盖区域文化产业发展的各个角落。支持文化产业园区建设，先树立优秀产业园区示范典型并给予相对更大的政策优惠，引导全体文化产业园区向服务宏观经济发展的方向转变。

由于中西部地区与小城市的经济发展相对更注重量变，质变效果仍有待观察。因此，地方政府在考察经济绩效的时候可以更注重绿色经济考评。中央政府要充分给地方政府足够的财权去进行环境质量的改善，匹配地方政府的事权与支出责任。对于地区环境质量问题，要在考虑地区经济发展水平的基础上给予财政资金支持，对于具有空间外部性的环境质量问题，应由中央政府进行宏观治理。这里的财政资金支持可以有多种形式，可以从制度建设上对地方政府财权适当放宽，增加地方政府在财政分配中的比重；也可以在地方财政收入的基础之上对其进行专项转移支付。地方经济发展水平越高，地方政府才越有决策精力去改善环境质量。因此要调整政府绩效评估机制，让地方政府从根本意愿上主动在大力发展经济的同时兼顾环境质量的提升。将绿色经济效率的概念与地方政府官员政绩考核机制深度融合，试行绿色经济效率考评制。落实绩效考评的实际效用，根据综合考虑绿色经济效率的绩效考核结果来进行官员任用和升迁。

非线性面板模型与空间计量模型结果均显示，小城市的经济发展水平对绿色经济效率的提升要远大于大中城市。与分地区模型回归结果相似，小城市的经济发展边际效应要高于大中城市，因此对绿色经济效率的提升效果要高于大中城市。此外，西部地区与小城市的经济环境变量系数出现了轻微但是显著的正效应，这是因为西部地区的经济水平不如东部地区与大中城市，因此外商直接投资在一定程度上提高了西部地区与小城市经济环境提升，进而可以促进绿色经济效率的提升。因此，中西部地区与小城市要优化外商投资在不同产业中的分布比重，从政策上引导外商投资往第三产业与拥有高科技含量的制造业上集聚，间接提高绿色经济效率，如利用外资在华设立研发中心，通过外资来提高本国相关产业的科技含量等。对外商投资进行绩效评估，建立风险预警机制，以保证投资效益可控。此外，要妥善处理西部地区绿色经济效率与外商投资的关系。鉴于西部地区的经济发展水平仍然相对较低，因此外商投资仍需大力引进，以继续推动地区经济增长。谨慎看待目前西部地区的经济发展阶段，正确分析目前西部地区的经济优势在于相对廉价的劳动力和范围更大的政策倾斜。因此，外商投资的引进务必要利用好这些优势，将上述地区的经济快速提高。

通过对上述文化产业集聚提升绿色经济效率的路径分析，本文在下文简要叙述政府为了保障这些路径实现而实施的相关政策。

6.2 文化产业集聚提升区域绿色经济效率的政策保障

2021年文化和旅游部发布了《“十四五”文化产业发展规划》，该文件是为贯彻落实我国“十四五”规划和《“十四五”文化和旅游发展规划》而制定。该规划明确了未来文化产业的改革方向、改革重点、改革措施，对我国文化产业发展有十分重要的指导意义。而在这一规划发布之前，中共中央办公厅、国务院办公厅等机关连续发布了一系列指导性文件，为包括文化部、财政部、税务总局等部门有针对性的颁发政策文件奠定了基础。

该规划对我国文化产业的态势给出了基本判断，“我国文化产业仍处于可以大有作为的重要战略机遇期”。在这一发展基调下，文化产业发展将大有可为。该规划也对文化产业发展给出了相应的政策支持。本文针对研究结果所整理的上述文化产业规划内容包含目前文化产业发展的所有必备条件。文化产业是未来我国提升绿色经济效率的主要动力，因此，本文在上述文化产业发展规划的指导下，针对本文的研究结论，结合现有的具体指导性政策文件提出自己的改进建议以供参考。

6.2.1 政府应简政放权、提升执法水平

实证研究发现，政府规模对于绿色经济效率的影响至关重要，因此，为了在文化产业中进行简政放权、优化公共文化服务体系、营造文化产业良好的市场竞争氛围，有关部门出台了一系列支持文化产业发展的资金管

理文件，这些文件对文化产业的发展提供了公共资金的支持，也为吸引社会资金促进产业发展做出了应有的带动作用。不仅如此，财政部和税务总局等部门联合出台了大量针对文化产业的税收优惠政策，从税收角度给予文化产业资金支持。从目前这些政策文件的密集度可以看出，国家对于文化产业的资金支持十分重视，多部门对文化产业进行了政策倾斜。但是也可以看出，国家对于文化产业改革发展规划中的“以企业为主体”这一目标目前仍停留在理论论证阶段。但是同样需要指出的是，这一目标的实现也远远超出文化产业发展范围之外，是经济体制改革的重要内容之一。这需要政府部门对全社会发展形势进行宏观评价，通过体制转型对企业定位重新诠释。中共中央办公厅与国务院办公厅共同发布的《关于进一步深化文化市场综合执法改革的意见》，对执法队伍的建设进行了全面规定和指导。该意见从明确综合执法范围、加强综合执法队伍建设、健全综合执法制度机制、推进综合执法信息化建设、完善文化市场信用体系和建立健全综合执法运行机制共 6 个方面进行详细明确的规定。本文认为，这一文件详细具体的对文化市场监管改革进行了规划，但是比这一规划更为深远的改革目标是做好文化市场综合立法与执法的有机结合。为了对知识产权保护进行改革，国务院办公厅联合知识产权局、外交部等部委发布报告，国务院不仅在宏观上设定了知识产权保护的改革目标，还在具体实施工作上规定了包括专利申请、著作权保护、产权质押、商标注册等 12 个方面的子目标。同时，对知识产权的信息服务、知识产权的国际交流合作、知识产权人才储备等方面进行了建设规划。这份规划对于知识产权的战略建设是完善的。首先以文件形式进行探索，模式成熟之后再适时以法律法规的形式进行确定，以形成长效保护机制。

6.2.2 文化企业应与其他产业深度融合

非线性面板的控制变量回归结果显示，文化产业不断创造价值过程中出现的配套资源诸如劳动力、生产资料等成本的上升，以及为劳动力所服务的交通、医疗、教育等产业没有跟上脚步，这些因素都会导致产业集聚在提升绿色经济效率的途径遇到阻碍。地方政府在文化产业建设的制度保障上做的不够到位，各种免税政策及投资力度的缺失会导致文化产业不能与实体制造业、金融业等其他产业快速形成良好的互动机制，会在一定程度上导致文化产业对有限城市空间环境下经济运行的有效性产生负面效应。文化产业不可能“遗世独立”，必须依托实体经济和其他形式的服务业良性发展才能发挥对经济的推动力，才能展示对环境的友好性。因此，在文化产业集聚提升绿色经济效率的过程中，地方政府乃至中央政府都要加强宏观调控，不断提升配套公共服务的水平，强化各产业间的协调配合，建立完善的联动机制，进而有效促进绿色经济效率的提升。

为了促进文化产业与其他产业和互联网深度融合，国务院各下属部门联合发布了许多跨产业规划意见，对塑造工业设计向高端服务业转型的优势做出了具体规划，意见中对文化产业创新的软实力给予了肯定，认为在工业化、信息化和城镇化中文化创意设计起了举足轻重的作用。同时，还对文化产业与旅游业、农业和体育产业的交叉融合给出了指导性安排。此外，针对文化产业与其他产业的融合，国务院等部门还给出了详细的改革意见，这些文件对文化产业的产业间融合有重要的指导意义。地方政府可以按照上述文件对产业融合进行措施落实，营造全社会创意优先的氛围。但是，本文认为针对文化产业与互联网融合的政策文件仍然有缺失。目前仍没有一部完整的针对我国文化互联网产业现状制定的政策文件去指导产业的发展。2017 年 10 月，阿里研究院与 33 个传统文化产业带的政府代表团联合发布了《中国传统文化产业互联网 + 的大数据解读》，以电商大数据作为样本进行分析，对我国文化产业与互联网的结合产业做了深入解读。该解读报告给出结论：传统文化产业带仍将保持大幅增长，并具备一定规模；经济欠发达省份基础好、潜力大、机会多；随着中产阶级群体壮大，传统文化产业将成为消费升级高地。该文件较为真实地反映了我国文化产业与互联网融合的产业现状，十分利于政府对于文化互联网行业进行政策制定参考。本文认为，未来文化互联网行业要以产业均衡发展为主要导向，同时，对互联网的内容服务要以引导为主、管制为辅，尽量避免对互联网上的文化服务进行特色化打造。在符合社会主义核心价值观的前提下，给文化互联网行业提供更大的空间进行发展。

针对文化企业发展的问题，国务院各部门制定了比较完善的文化金融改革指导意见，在政策文件中提到了对文化行业的融资上给予支持。在上述政策指导意见之外，本文认为，要利用金融体系盘活文化企业的现金流，就必须从以下几点来进行深入完善。首先，针对不同规模的文化企业开发不同形式的金融产品。在建立信用评级制度的基础上，对经营模式稳当、规模较大的文化企业，给予必要的信贷支持鼓励其进行并购融资和文化产业链的整合，同时商业银行可以以贷款的形式提供支持。其次，发挥保险精算的行业优势，对文化企业投放合理有效的保险产品。在深入了解文化行业的特点之后，开展适合文化企业需求的险种。例如，文化企业最重要的无形资产就是知识产权，因此文化业保险可以开展具有行业特色的知识产权保护险，确保文化企业创意不被侵害。最后，在贷款风险分担机制设计上，可以尝试区别于其他行业形式的新型机制，如鼓励以参股、委托运作等形式进行支持担保机构发展，同时尝试设立文化企业的贷款风险补偿基金，协助银行对贷款风险进行分散。

6.2.3 保障文化供给和文化消费

本文认为，在特色文化产业的发展上，地方政府要作为一个政策主体而存在。每个地方的文化资源优势都各不相同，只有深入了解地方特色之后才能根据整体规划结合本地区优势进行政策制定。地方政府尤其是地市一级的政府相对而言非常了解地方资源禀赋，同时还具有决策的发言权和决策高度。因此，在未来的文化供给政策制定中，地方政府要发挥主观能动性，对文化特色产业进行梳理并延伸开来。2016 年出台的文件对文化消费的引导相对更为具体，不仅对试点范围、资金保证、实现目标和职责分工做了详细完善的规定，而且对政策激励机制进行明确的划分[1]。这份文件，既指明了产业发展方向，也对具体实施方法做了指导。此外，本文给出的补充性政策建议是，在上述试点工作完成后，要对试点绩效进行公开评价，总结经验后适时向更大的地区范围铺开，形成具有普适性的文化消费激励政策。

6.2.4 有效提升文化企业对外开放的质量

经济环境变量在模型中全部显著为负，尽管外商直接投资体量代表着经济环境的好坏，但是面对外部投资冲击，本土产业是否能够因此得到提升却要打上一个问号。同时，对外经济开放度在 5% 的显著性水平上对绿色经济效率产生抑制作用。本文认为，这是长江经济带在进出口贸易结构中的高新产品比重较小所致。当低技术含量和高能耗产品的比重过大时，即使处于贸易顺差中，对外经济开放度提高也将致使环境污染加重、绿色经

---

[1]《文化部、财政部关于开展引导城乡居民扩大文化消费试点工作的通知》(文产发〔2016〕6 号)。

济效率降低。商务部等 27 个部门在 2022 年发布文件对文化国际合作进行了政策支持❶。文件都提出，要落实对文化服务出口免税或零税率政策，鼓励文化出口；深化文化领域审批改革；培育文化出口重点企业和文化品牌和品牌文化等。这些措施毫无疑问可以大大促进文化企业对外输出“中国服务”、加强中西方文化交流。本文认为，在这些政策措施的基础上，仍然有很多潜在改善方式。比如，针对文化出口企业进行外汇管理手续简化，确保文化出口跨境收付汇兑的便捷性；鼓励各金融机构针对文化出口企业开展境外人民币服务业务；设立专项基金鼓励文化出口企业的营销渠道构建、市场占有、人才培养等；进行文化贸易服务区的试点工作，为我国文化产业的国际集聚在有条件的地区进行探索试验等。

6.2.5　推动文化产业创新驱动和城乡一体化建设

实证发现，城镇化水平的提高对绿色经济效率有轻微的抑制作用。本文认为这是由于城镇化带来了生态环境的退化，尽管居民环保意识提升，但仍不能促使环境明显好转。此外，所有空间计量模型的结果均显示，平均受教育年限直接反映了每个地区劳动力的人力资本积累程度，而人力资本对生产的重要性在各经济模型中都得到了体现。人力资本的多寡决定了文化企业生产的创意性是否足够、生产方式是否合理、生产效率是否有提升空间，同时人力资本也决定着文化企业创新能力的高低。目前尚无专门的文件对人力资本所驱动的产业创新政策进行规划，仅在其他相关性文件中对上述两个主题的政策目标寥寥数笔。本文针对这一政策保障现状，审慎提出相关针对性政策建议以供参考。针对文化产业创新驱动，地方政府

❶《商务部等27部门关于推进对外文化贸易高质量发展的意见》（商服贸发〔2022〕102号）。

要引导建立文化产业创新的体系，在不同行业、不同领域建立文化产业的产品升级；推动文化产业的超前布局，以科技创新带动文化内容服务的创新，丰富产品形态、拓展产业边界；依托创新资源富集、产业基础丰厚的城市特色，建设文化产业创新的策源地，在全国形成若干个文化产业创新集聚区。针对文化产业城乡区域一体化，本文认为首要任务是实现城乡经济的一体化。当经济差距逐渐缩小后，文化产业发展上的差距才能慢慢抹平。其次，针对城乡文化产业现状建立一体化公共文化服务体系，对城乡尤其是农村的基础文化设施建设加强力度，对文化产业人才向农村流动提供明确政策激励，促进城乡文化产业间的良好互动；最后，适当建立城乡文化产业点对点帮扶制度，将优秀的文化产业发展经验在城乡间互通有无，与此同时建立文化绩效考核机制，对帮扶效果进行量化评估，并将其在地方政府绩效评价体系中进行一定比重的体现。

6.2.6　其他相关政策保障

根据本文的实证结果，能源消耗、外商投资、城市化、经济发展水平和政府规模等都会对绿色经济效率产生影响，因此上文据此分析了上述因素提升绿色经济效率的路径选择，为了保障这些路径的实现，本文总结了相应的政策保障建议如下。

第一，针对能源消耗问题，政府部门应着力引导传统制造业的产业转型升级，按照“中国制造 2025”的要求构建绿色制造体系，对重点行业进行改造升级，推行产品的生命周期绿色管理；强化节能环保标准的约束，严格实行行业准入审查，对不符合节能环保标准的企业要依法强制退出；大力发展公共交通，鼓励民众绿色出行，建立合理激励措施推广甩挂运输组织形式；推广节能绿色建材，鼓励推动宜居综合城市试点改造，推动太阳能、地热能、工业余热等能源解决建筑能源需求；在农村地区进一步深化推广可再生能源使用，鼓励农村居民使用高效节能电器。

第二，针对外商投资问题，政府部门应将现有改革重点放在引进外资结构优化上，取消或放宽在服务业上对外资的准入限制；在外资引进地区上，要重点在中西部地区进行外资引进合作试点建设，支持中西部地区在人才、服务领域开展中外合作；在东部地区与中西部地区之间建立双向协作引进外资的机制，通过建设产业转移园区来增加外商投资企业的人力资源有效供给。

第三，针对城市化问题，政府部门要将城市功能全面提升到新高度，这就要求地方政府加快城市基础设施建设，加强交通网络的优化工程，加大对城中村、棚户区和危房的改造；推动绿色能源、绿色建材、绿色生态标准在城市化中的普及；重点提升基层乡镇的基础设施水平，加大对中西部地区发展潜力大、人口密度高的乡镇的支持力度；鼓励农村的产业融合，推进农业与文化、教育、旅游等资源的融合，鼓励农村电子商务消费升级，完善中小型电商市场的发展。

第四，针对经济发展水平问题，政府部门就要按照近年来经济发展的重大规划诸如“十四五规划”的要求，注重提升经济发展的质量，五位一体和谐发展。

第五，针对政府规模问题，政府部门应直面自身行政效率问题，着力进行精简裁撤，转变政府职能，建立服务型政府。

可以预见，文化产业在上述政策文件的引导和本文提出的补充性政策建议下会出现快速的发展，而绿色经济效率也会因此得到促进。为了保证绿色经济效率可以稳步提升，不仅要在文化产业上做文章，还要对绿色经济效率的其他影响因素进行政策规划。结合上文的实证研究结果，本文针对能源消耗等一系列影响因素提出了合理的改进措施。

第7章　研究结论与展望

7.1 研究结论

后工业化时代的全球经济发展深受环境和自然资源的制约，我国也不例外。自改革开放后，我国经济长期快速提升，造就了罕见的经济奇迹。但是资源浪费和环境污染问题也随之出现，长期粗放经济增长模式导致资源环境与经济发展的矛盾越来越尖锐。现实情况要求政府要加快转变经济增长方式，片面追求GDP总量的经济行为已经不再成为被认可的经济发展形式。绿色经济发展模式在近年来已经逐渐成为社会热议的新经济发展模式，其核心就是绿色经济效率的提升。在我国经济新常态现状下，传统要素和投资驱动的模式已经无法持续提升经济实力，经济急需向创新驱动和绿色驱动方向转变，绿色经济效率的增长因此成为学术界和实务界研究的重要问题。党的十八大提出，要着力推进生态文明建设，坚持“五位一体”发展，党的二十大也将这一理念放在了更突出的战略位置上，这表明绿色经济发展模式已成为政府关注的重要内容，绿色经济效率提升迫在眉睫。

大量研究表明，绿色经济效率的影响因素包括政治、经济、文化等多方面。在后工业化时代，服务业开始逐渐增加经济贡献率比重，稳步向中高端产业模式迈进。2017年我国第三产业比重已高达51.6%。文化产业作为第三产业的主要内容，近年来已经发展成为第三产业的主要形式。“十三五”规划中明确指出，文化产业的发展要以将其建设成为国民经济支柱产业为目标。文化产业自2000年以来的平均增长率高达20%，远高于GDP增速，成为新常态下经济增长和结构转型的重要推手。文化产业作为典型的绿色产业，具有低能耗、低污染、高技术、高创新的行业特点，是未来朝阳产业的标杆。因此，文化产业集聚发展可以在增加产值的同时，也可以提升绿色经济效率，为实现经济可持续发展和经济结构转型打开突破口。

长江经济带是我国当前经济最发达、最具转型潜力的经济区域之一，并且有望成为我国未来的经济增长极。党的十八大之后，中央多次强调要将长江经济带定位为绿色发展、生态优先的国家战略区域，坚持生态保护与经济发展协同推进，将长江经济带成长为引领我国经济结构转型的生力军。推动长江经济带文化产业集聚发展，就符合这一创新要求，同时可以带领绿色经济效率的提高。长江经济带具有深厚的文化基础，发展前景广阔，但是目前存在区域发展不平衡、创新能力有待提高、产业结构失衡等问题，因此长江经济带绿色经济效率的提高仍然有一定的空间。

基于上述背景，本文以长江经济带地区作为研究的样本目标，综合考虑现实要素约束，研究文化产业集聚对于绿色经济效率的影响机制，根据理论分析与实证结果对当前经济发展的转型升级提供可行性建议。本文的主要研究结论如下。

首先，本文从产业分工演化和产业组织效率的角度对文化产业集聚的形成过程与原理进行了梳理，并对文化产业集聚的历史演化进行分析。研究发现其具体的形成机制为：人民群众对文化产品的需求从最初的单一化需求过渡到多元复合型需求后，要求文化产品市场更加创新和协作。文化企业为了生产符合需求的文化产品，开始从垂直分工逐渐演变成为灵活专业的垂直分解分工。在企业间进行分工得到规模报酬增加和知识技术的外溢以及市场外部性的同时，也让企业的交易成本逐步变大。因此，为了解决这柄“双刃剑”，文化企业逐渐通过专业化分工发生产业集聚，以保证分工收益的同时，不断减少因地理距离和道德风险等机会成本带来的交易成本。同时，文化产业集聚也带来了企业间交易效率的提高，促进了行业分工的深化。通过不断的良性循环，文化产业集聚得以逐步扩大规模。这种分工收益和规模报酬递增的正反馈，使得文化产业集聚达到分工和产业分布的均衡状态。

在对文化产业集聚的历史演化和优势分析后，本文从产业集聚效率的视角对文化产业集聚形成的必然性进行理论分析。为此建立包含两个文化企业的分工生产模型。分析证明，只要信息完全透明，文化企业在进行议价模型中最终会达到均衡状态，即双方在分工上可以达到均匀分配。只要专业化分工的收益足够大，分工模型中的各参与者均可以获得均等的收益。在此基础上，本文进一步做包含企业组织成本的分工模型的效率分析。理论分析结果表明，文化产业集聚的形式可以解决文化企业在分工后收益与交易成本之间的两难选择，与此同时还提供了对生产系统而言高效率的分工安排。这种安排可以将企业不同组织形式的效率缺失得到较好的填补。不管从生产的角度还是从交易的角度，文化产业集聚都给企业带来了优秀的创新能力和不同交易成本的大大降低。因此，从组织分工的角度来看，文化产业集聚是文化产品生产到一定规模后的必然结果，同时也是提升经济效率的最优选择。

其次，本文以长江经济带作为研究样本将其文化产业集聚的历史演进进行了详细的梳理。改革开放后，我国文化产业发展分为萌芽期、发展期、繁荣期和现在的挑战与机遇并存的时期。我国文化产业的发展持续强劲增长，且文化产业的蓬勃发展也对经济增长产生了越来越强的推动力。本文采用理论分析与实践调查相结合的方法对文化产业发展的评价指标进行筛选，构建了三位一体的文化产业服务评价指标体系，同时结合现实和本文的研究需要，采用了区位熵和 EG 指数来衡量文化产业集聚的程度。在此基础上，本章对比了长江经济带的东中西部地区文化产业集聚现状，同时对比了不同经济规模的城市文化产业集聚度。此外，本文还通过测度长江经济带不同文化产业的子产业 EG 指数进行对比分析。经过样本数据的分析发现，长江经济带文化产业集聚程度均远高于全国同期的平均水平；且产业集聚现象主要出现在东部地区和大中城市地区，同时大多数文化产业集聚度低的城市主要集中在中、西部地区。

再次，本文对长江经济带绿色经济效率进行了超效率 DEA 测度，本文综合考虑了经济效率的所有影响因素，选用了 4 个经济投入和 4 个经济产出。经济投入分别从劳动、资本、技术和资源消耗 4 个部分进行选取，经济产出分为期望产出和非期望产出。与文化产业集聚水平测度方式类似，长江经济带绿色经济效率的测度也分为东中西部地区和不同城市规模，通过对比各地区和各规模城市的绿色经济效率，展示了长江经济带地区间效率差异。东、中、西 3 个地区都出现了效率均值波动的情况，且 3 个地区的效率值与自身的经济发展状况一样出现了阶梯形下降；长江经济带的大中城市作为经济发展的排头兵，经济效率也达到了长江经济带的顶尖水平，小城市的效率值相比之下远没有那么乐观。

最后，本文在上述实证指标测度的基础上，结合前文关于二者的影响机制理论分析，对长江经济带文化产业集聚对绿色经济效率的非线性效应与空间溢出效应分别进行了实证检验。首先建立基础面板方程模型，并逐步加入控制变量，利用 OLS、面板固定效应、面板随机效应和 SGMM 模型，分别验证了在长江经济带全域样本下的文化产业集聚对绿色经济效率的影响机制假设。但是在所有模型设定下，该提升作用均不是十分显著。因此在此基础上，本文结合研究二者间的非线性关系假设，加入了解释变量文化产业集聚的二次项，建立动态非线性面板模型以验证文化产业集聚对绿色经济效率的非线性效应。在计量方法上，本章采用固定效应和随机效应分别对研究假设进行验证，再通过豪斯曼检验进行结果选择。在此基础上，本文采用SGMM模型对动态非线性面板数据进行了验证。为了验证本章选取的控制变量的有效性和保证不存在共线性问题，本文将控制变量依次加入模型估计中进行逐个回归。模型结果发现，长江经济带目前绝大部分城市的文化产业集聚对绿色经济效率仍然起推动作用，即仍处于倒U形曲线关系中的顶点左侧。因此，这一结果可以预见的是，地区差异将成为影响文化产业集聚对绿色经济效率的非线性效应的作用最重要的因素。因此，本文进一步对长江经济带不同地区和不同规模的城市样本分别进行全控制变量的子样本回归。地区和城市的分类标准依据国家统计局关于东中西部地区和大中城市的经济分类。子样本回归结果发现，文化产业集聚的一次项和二次项，东部地区的一次项系数要小于全样本下的系数，中西部地区的解释变量一次项系数大于平均水平。文化产业集聚的二次项系数，仅有东部地区高于全样本水平，中西部地区远小于全样本的二次项系数，其中西部地区文化产业集聚的二次项对绿色经济效率的影响在统计学上不显著。文化产业集聚的一次项对绿色经济效率的影响，小城市样本要比大中城市样本的结果更大。而二次项正好相反，小城市文化产业集聚的二次项对绿色经济效率的影响较小，可以忽略不计。通过长江经济带的全样本分析和分地区、分规模分析后，本章证明了非线性假设的合理性。

为了验证理论分析中关于文化产业集聚对绿色经济效率的空间溢出效应假设，本文将每个城市的空间地理效应纳入考虑，设定矩阵利用空间计量模型对长江经济带文化产业集聚和绿色经济效率间的关系进行详细验证。在设定空间计量模型之前，本章利用莫兰指数对长江经济带不同省市的空间相关性进行检验。在此基础上，本文构建了 4 个空间权重矩阵，分别是地理邻近权重矩阵、地理距离权重矩阵、经济协动权重矩阵和经济距离权重矩阵 4 种权重矩阵，全面考察了不同城市间的空间依赖性和相关性。之后本文构建了包括文化产业集聚的一次项和二次项、工资水平、人力资本、经济环境和政府规模等变量的空间计量模型进行实证检验。实证检验结果发现，文化产业集聚对绿色经济效率的作用表现为先促进后抑制，在考虑了空间相关性的因素之后，文化产业集聚与绿色经济效率的关系仍然与非线性面板方程估计的一致，即文化产业集聚即使在空间模型中也存在倒 U 形关系。在此基础上，本文建立东、中、西 3 个地区的空间计量模型，以检验不同地区特征下该结论是否成立。实证结果发现，中西部地区的倒 U 形关系不如东部地区明显，本文给出的解释是：东部因其发展程度较高，文化产业集聚对绿色经济效率的提升能力表现为先促进后抑制。西部地区和中部大部分地区由于文化产业集聚仍处于起步阶段和上升阶段，因此文化产业集聚体现的是对绿色经济效率强劲的推动力。

7.2　研究展望

文化产业集聚对绿色经济效率的提升作用已经在长江经济带地区得到验证，本研究结果既是对绿色经济发展模式的肯定，也是我国经济结构转型升级必要性的重要证明，具有一定的理论与现实意义，但是本文在如下 3 个方面还有些许不足，同时在未来的研究中也可以重点关注在此类方向上有所改进。

第一，文化产业在本文所指的是包含若干个子行业的群体性产业，在这一设定下本文进行了分析框架构建和实证检验。而这些不同的文化行业特质不一，对不同行业进行统一研究，得到的结果不易于应用于具体行业的改进政策研究。因此，未来的相关研究可以从具体某一文化行业入手，集中分析子行业间的文化产业集聚差异。

第二，样本具有一定的局限性。本文所选取的样本是长江经济带，所以研究结论最适合的地区是长江经济带区域，对于全国其他地区尤其是西部地区的适用性仍存疑。后续的研究可以将选择的样本范围扩展到全国范围或者另一个城市群，诸如京津冀、珠三角等。这样可以将研究结论扩展成为一般性结论。同时，在样本层次选择上，本文由于时间与精力所限，仅在省级和地市级进行研究。事实上，文化产业集聚与绿色经济效率的关系可以在县级层面进行讨论，得出的结果更符合实际情况。

第三，本文样本选择的时间范围是2007年至2016年，而经济发展的变化是具有连续性和阶段性的，因此本文的研究结论也仅适用于近十年来的发展规律总结。当时间范围扩展到20年甚至更久远，或许可以得出更准确和更普遍适用的结论。而且将2008年金融危机之前的时间样本加入实证检验的对比分析，也可以提升研究结论的现实意义。

致　谢

整整七年博士生活，回首这段岁月，心中感慨良多。感谢陪我一路走来的老师、同学和家人给予我的帮助。

首先，诚挚感谢我的导师余瑞祥教授，从论文的选题、设计、实证，到论文的撰写、修改、定稿，余老师倾注了很多心血，论文的每一次突破都离不开余老师耐心的指导和帮助，您严谨勤奋的治学之道、积极乐观的生活态度，将深刻影响我今后的工作和生活。

其次，我要感谢武汉大学长江经济带中游城市群研究院的杨强副院长为我提供的实验条件和技术支持，为本文的顺利完成奠定了基础。还要感谢的是中国地质大学经济管理学院的徐德义教授、郭海湘教授的悉心指导及艺术与传媒学院的狄丞老师、孟霞老师、邓韵老师，和你们的交流让我受益匪浅。

再次，我要感谢我的博士师兄妹：钟保镜、左桠菲、包韶睿同学，在我科研工作遇到瓶颈时，与你们讨论总能得到新的灵感，和大家在一起学习的时光是我对地大最美好的回忆。

我还要感谢我的家人，他们默默的支持和包容，是我不断前进的动力。我的母亲在我论文写作过程中，悉心照顾我的生活，不断鼓励我；我的丈夫在我论文完成的整个过程，包括最后的校对工作都给予我极大的帮助，每天都在办公室陪我学习到深夜。衷心祝愿我爱的家人都健康幸福。

最后，谨以此文献给所有关心和帮助我的家人、师长、同门和朋友。

参考文献

[1]林毅夫 . 中国的奇迹 : 发展战略与经济改革 [M]. 上海：上海人民出版社 , 1999.

[2] 吴旭晓 . 区域绿色经济效率演化及其影响因素研究 [J]. 商业研究，2014(9): 27–33.

[3] 钱争鸣，刘晓晨 . 中国绿色经济效率的区域差异与影响因素分析 [J]. 中国人口・资源与环境，2013(07): 104–109.

[4] 钱争鸣，刘晓晨 . 环境管制、产业结构调整与地区经济发展 [J]. 经济学家，2014(07): 73–81.

[5] 周凯，武晋原 . 文化产业与转变经济发展方式的关系、路径研究 [J]. 现代管理科学，2012(09): 30–32.

[6]臧志彭 . 政府补助、公司性质与文化产业就业——基于 161 家文化上市公司面板数据的分析 [J]. 中国人口科学，2014(05): 57–66.

[7]欧朝敏，王瑞，李景保 . 湖南省文化产业发展的产业链解析 [J]. 经济地理，2010(09): 1507–1510.

[8] Scott A. Hollywood and the world: the geography of motion–picture distribution and marketing[J]. Review of International Political Economy, 2004, 11(1): 33–61.

[9] 胡惠林 . 胡惠林论文化产业 [M]. 昆明 : 云南大学出版社 , 2015.

[10] 万里 . 关于“文化产业”定义的一些思考 [J]. 湖南第一师范学报，2001(01): 17–20.

[11] 刘蔚 . 文化产业集群的形成机理研究 [D]. 广州：暨南大学 , 2007.

[12] Klamer A. Accounting for Social and Cultural Values[J]. De Economist. 2002, 150(4): 453–473.

[13] Throsby C D. Economic and Cultural Value in the Work of Creative

Artists[J]. Values & Heritage Conservation，2000.

[14] 袁海，吴振荣 . 中国省域文化产业效率测算及影响因素实证分析 [J]. 软科学，2012, 26(03): 72–77.

[15] 赵彦云，余毅，马文涛 . 中国文化产业竞争力评价和分析 [J]. 中国人民大学学报，2006(04): 72–82.

[16] 王岚，赵国杰 . 中国地区文化产业竞争力评价模型的构建 [J]. 天津大学学报 (社会科学版)，2009, 11(01): 14–17.

[17] 揭志强 . 我国地区文化产业全要素生产率增长状况研究 [J]. 统计与决策，2013(01): 141–145.

[18] 王家庭 . 区域文化产业的影响因素及其作用机理研究 [J]. 中共南京市委党校学报，2012(01): 92–97.

[19] 韩学周，马萱 . 基于 DEA 模型的中国文化产业发展效率研究 [J]. 云南财经大学学报，2012, 28(03): 146–153.

[20] 马跃如，白勇，程伟波 . 基于 SFA 的我国文化产业效率及影响因素分析 [J]. 统计与决策，2012(08): 97–101.

[21] 成学真，李玉 . 文化产业发展对经济增长影响的实证研究 [J]. 统计与决策，2013(03): 114–117.

[22] 何里文，袁晓玲，邓敏慧 . 中国文化产业全要素生产率变动、区域差异分析——基于 Malmquist 生产力指数的分析 [J]. 经济问题探索，2012(09): 71–77.

[23] 庄锴，王虹 . 区域文化产业竞争力评价实证研究 [J]. 统计与决策，2012(15): 87–89.

[24] 庄锴，王虹 . 我国区域文化产业竞争力评价与提升对策 [J]. 山东社会科学，2012(08): 154–157.

[25] 梁君，陈显军，郑兴波 . 广西区域文化产业竞争力评价与分析 [J]. 特区经济，2012(02): 209–211.

[26] 梁君，黄慧芳 . 中国省级区域文化产业竞争力分析 [J]. 统计与决策，2012(11): 91–94.

[27] 陈正伟，付雪清 . 区县级文化产业增加值的测算技术与实践探索 [J], 统计与决策 . 2010(05): 40–42.

[28] 国凤兰，刘庆志 . 文化消费统计指标体系的设计 [J]. 统计与决策，2015(08): 36–40.

[29]周锦，闻雯 . 基于因子分析的我国文化产业发展评价 [J]. 华东经济管理，2012, 26(02): 46–50.

[30] 麻敏，李勇 . 文化产业集群竞争力的评价方法 [J]. 统计与决策，2014(01): 83–86.

[31] Porter M E. Clusters and the new economics of competition[J]. Harvard Business Review. 1998, 76(6): 77.

[32] 胡佛，王翼龙 . 区域经济学导论 [M]. 北京：商务印书馆 , 1990.

[33] Martin P, Ottaviano G I P. Growing locations: Industry location in a model of endogenous growth[J]. European Economic Review, 1996, 43(2): 281–302.

[34] 臧新，李菡 . 垂直专业化与产业集聚的互动关系——基于中国制造行业样本的实证研究 [J]. 中国工业经济 , 2011(08): 57–67.

[35] 踪家峰，胡艳，周亮 . 转移支付能提升产业集聚水平吗 ?[J]. 数量经济技术经济研究 , 2012, 29(07): 18–32.

[36] 朱英明，杨连盛，吕慧君，等 . 资源短缺、环境损害及其产业集聚效果研究——基于 21 世纪我国省级工业集聚的实证分析 [J]. 管理世界 , 2012(11): 28–44.

[37] 孙浦阳，韩帅，靳舒晶．产业集聚对外商直接投资的影响分析——基于服务业与制造业的比较研究 [J]. 数量经济技术经济研究，2012, 29(09): 40–57.

[38] 杨仁发．产业集聚与地区工资差距——基于我国 269 个城市的实证研究 [J]. 管理世界，2013(08): 41–52.

[39] 文东伟，冼国明．中国制造业产业集聚的程度及其演变趋势 :1998—2009 年 [J]. 世界经济，2014, 37(03): 3–31.

[40] 韩坚，费婷怡，吴胜男，等．产业集聚、空间效应与区域创新研究 [J]. 财政研究，2017(08): 90–100.

[41] 季书涵，朱英明．产业集聚的资源错配效应研究 [J]. 数量经济技术经济研究，2017, 34(04): 57–73.

[42] Hutton T A. The New Economy of the Inner City[J]. Cities, 2004, 21(2): 89–108.

[43] 钱紫华，闫小培，王爱民．城市文化产业集聚体：深圳大芬油画 [J]. 热带地理，2006(03): 269–274.

[44] 宋充，程磊．生态文明视角下景德镇陶瓷文化产业集聚区研究 [J]. 企业经济，2015(02): 109–112.

[45] 梁君，陈显军，郑兴波．广西区域文化产业竞争力评价与分析 [J]. 特区经济，2012(02): 209–211.

[46] 梁君，陈显军．广西文化产业集聚度实证研究 [J]. 广西社会科学，2012(05): 43–46.

[47] 杨克升，马海霞．贵州文化旅游产业集聚区建设的战略价值 [J]. 贵州社会科学，2013(03): 81–83.

[48] 史波，杜荣，张卫莉．文化产业集群发展的设想 [J]. 经济纵横，

2010(05): 118-121.

[49] 杨永忠，黄舒怡，林明华．创意产业集聚区的形成路径与演化机理 [J]. 中国工业经济，2011(08): 128-138.

[50] 黄永兴，徐鹏．经济地理、新经济地理、产业政策与文化产业集聚：基于省级空间面板模型的分析 [J]. 经济经纬，2011(06): 47-51.

[51] 喻莎莎．河南省文化产业集聚度测算及其特征研究 [J]. 中国管理科学，2013, 21(S2): 557-562.

[52] 刘小铁．文化产业集群生成和发展的影响因素分析——以我国八大文化产业集群为例 [J]. 江西社会科学，2014, 34(11): 47-51.

[53] 孙智君，李响．文化产业集聚的空间溢出效应与收敛形态实证研究 [J]. 中国软科学，2015(08): 173-183.

[54] 课题组．中国文化产业集聚效应的动态研究，蒋萍．我国文化产业集聚效应研究 [J]. 调研世界，2015(11): 14-18.

[55] 熊建练，肖楚博，任英华．我国城市文化产业集聚竞争力比较研究 [J]. 统计与决策，2017(01): 60-63.

[56] 蔡后界．集群视角下区域文化产业发展的路径研究——以浙江省为例 [J]. 生产力研究，2018(05): 105-108.

[57] Pittman R W. Multilateral Productivity Comparisons with Undesirable Outputs[J]. Economic Journal. 1983, 93(372): 883-891.

[58] Färe R, Grosskopf S, Jr. Carl A Pasurka. Accounting for Air Pollution Emissions in Measures of State Manufacturing Productivity Growth[J]. Journal of Regional Science, 2001(3): 381-409.

[59] Jeon B M, Sickles R C. The role of environmental factors in growth accounting[J]. Journal of Applied Econometrics, 2004, 19(5): 567-591.

[60]Yörük B K, Zaim O. Productivity growth in OECD countries: A comparison with Malmquist indices[J]. Journal of Comparative Economics, 2005, 33(2): 401–420.

[61] Kumar S. Environmentally sensitive productivity growth: A global analysis using Malmquist - Luenberger index[J]. Ecological Economics, 2006, 56(2): 280–293.

[62] 朱承亮，岳宏志，师萍 . 环境约束下的中国经济增长效率研究 [J]. 数量经济技术经济研究，2011, 28(05): 3–20.

[63] 任阳军，汪传旭 . 中国绿色经济效率的区域差异及空间溢出效应研究 [J]. 生态经济，2018(02): 93–96.

[64]王晓云，魏琦，杨秀平 . 城市绿色经济效率动态评价及影响因素——基于 285 个地级以上城市数据的分析 [J]. 生态经济，2017, 33(02): 68–71.

[65]陈诗一 . 能源消耗、二氧化碳排放与中国工业的可持续发展 [J]. 经济研究，2009, 44(04): 41–55.

[66]涂正革，肖耿 . 环境约束下的中国工业增长模式研究 [J]. 世界经济，2009, 32(11): 41–54.

[67]胡鞍钢，郑京海，高宇宁，等 . 考虑环境因素的省级技术效率排名(1999—2005)[J]. 经济学（季刊），2008(03): 933–960.

[68]胡鞍钢，周绍杰 . 绿色发展：功能界定、机制分析与发展战略 [J]. 中国人口 · 资源与环境，2014(1): 14–20.

[69]程丹润，李静 . 环境约束下的中国省区效率差异研究 :1990—2006[J]. 财贸研究 . 2009, 20(01): 13–17.

[70]杨俊，邵汉华 . 环境约束下的中国工业增长状况研究——基于

Malmquist-Luenberger 指数的实证分析 [J]. 数量经济技术经济研究，2009, 26(09): 64–78.

[71] 吴军 . 环境约束下中国地区工业全要素生产率增长及收敛分析 [J]. 数量经济技术经济研究，2009, 26(11): 17–27.

[72]王兵，吴延瑞，颜鹏飞 . 中国区域环境效率与环境全要素生产率增长 [J]. 经济研究，2010, 45(05): 95–109.

[73]匡远凤，彭代彦 . 中国环境生产效率与环境全要素生产率分析 [J]. 经济研究，2012, 47(07): 62–74.

[74]薛珑 . 绿色经济发展测度体系的构建 [J]. 统计与决策，2012(18): 21–24.

[75]汪克亮，孟祥瑞，杨宝臣，等 . 基于环境压力的长江经济带工业生态效率研究 [J]. 资源科学，2015, 37(07): 1491–1501.

[76]钱争鸣，刘晓晨 . 中国绿色经济效率的区域差异与影响因素分析 [J]. 中国人口 · 资源与环境，2013(07): 104–109.

[77]钱争鸣，刘晓晨 . 环境管制、产业结构调整与地区经济发展 [J]. 经济学家，2014(07): 73–81.

[78]钱争鸣，刘晓晨 . 我国绿色经济效率的区域差异及收敛性研究 [J]. 厦门大学学报 (哲学社会科学版)，2014(01): 110–118.

[79] 钱争鸣，刘晓晨 . 环境管制与绿色经济效率 [J]. 统计研究，2015, 32(07): 12–18.

[80]王兵，刘光天 . 节能减排与中国绿色经济增长——基于全要素生产率的视角 [J]. 中国工业经济，2015(05): 57–69.

[81]穆学英，刘凯，任建兰 . 中国绿色生产效率区域差异及空间格局演变 [J]. 地理科学进展，2017(08): 1006–1014.

[82]王军，耿建 . 中国绿色经济效率的测算及实证分析 [J]. 经济问题，2014(04): 52–55.

[83]周杰文，张云，蒋正云 . 创新要素集聚对绿色经济效率的影响——基于空间计量模型的实证分析 [J]. 生态经济，2018(06): 57–62.

[84]张军，佃杰 . 广东省绿色经济效率测算及实证研究 [J]. 生态经济，2017(8): 114–117, 155.

[85]岳书敬，邹玉琳，胡姚雨 . 产业集聚对中国城市绿色发展效率的影响 [J]. 城市问题，2015(10): 49–54.

[86]岳书敬，杨阳，许耀 . 市场化转型与城市集聚的综合绩效——基于绿色发展效率的视角 [J]. 财经科学，2015(12): 80–91.

[87]王晓云，魏琦，胡贤辉 . 我国城市绿色经济效率综合测度及时空分异——基于 DEA–BCC 和 Malmquist 模型 [J]. 生态经济，2016, 32(03): 40–45.

[88]王晓云，魏琦，杨秀平 . 城市绿色经济效率动态评价及影响因素——基于 285 个地级以上城市数据的分析 [J]. 生态经济，2017, 33(02): 68–71.

[89] 盖美，刘丹丹，曲本亮 . 中国沿海地区绿色海洋经济效率时空差异及影响因素分析 [J]. 生态经济，2016, 32(12): 97–103.

[90] 赵昕，赵锐，陈镐 . 基于 NSBM–Malmquist 模型的中国海洋绿色经济效率时空格局演变分析 [J]. 海洋环境科学，2018(02): 175–181.

[91]黄秀路，韩先锋，葛鹏飞 . “一带一路”国家绿色全要素生产率的时空演变及影响机制 [J]. 经济管理，2017(09): 6–19.

[92]张文博，邓玲，尹传斌 . “一带一路”主要节点城市的绿色经济效率评价及影响因素分析 [J]. 经济问题探索，2017(11): 84–90.

[93]Ciccone A, Hall R E. Productivity and the Density of Economic Activity[J]. American Economic Review, 1996, 86(1): 54–70.

[94]Boschma R, Minondo A, Navarro M. Related variety and regional growth in Spain*[J]. Papers in Regional Science, 2012, 91(2).

[95]赵伟，隋月红．集聚类型、劳动力市场特征与工资——生产率差异[J]. 经济研究，2015, 50(06): 33–45.

[96]聂玉立，温湖炜．中国地级以上城市绿色经济效率实证研究 [J]. 中国人口·资源与环境，2015, 25(S1): 409–413.

[97]张治栋，秦淑悦．环境规制、产业结构调整对绿色发展的空间效应——基于长江经济带城市的实证研究 [J]. 现代经济探讨，2018(11): 79–86.

[98]黄建欢，吕海龙，王良健．金融发展影响区域绿色发展的机理——基于生态效率和空间计量的研究 [J]. 地理研究，2014, 33(03): 532–545.

[99]王锋，李紧想，张芳，等．金融集聚能否促进绿色经济发展？——基于中国 30 个省份的实证分析 [J]. 金融论坛，2017, 22(09): 39–47.

[100]胡安军，郭爱君，钟方雷，等．高新技术产业集聚能够提高地区绿色经济效率吗？[J]. 中国人口·资源与环境，2018, 28(09): 93–101.

[101]王志祥，张洪振，龚新蜀，等．物流产业集聚、市场分割与区域绿色经济效率 [J]. 经济经纬，2018, 35(05): 87–93.

[102]张建忠，刘家明，柴达．基于文化生态旅游视角的古村落旅游开发——以后沟古村为例 [J]. 经济地理，2015, 35(09): 189–194.

[103]王云才，韩丽莹．基于景观孤岛化分析的传统地域文化景观保护模式——以江苏苏州市甪直镇为例 [J]. 地理研究，2014, 33(01): 143–

156.

[104] 秦红增，郭帅旗，杨恬 . 农民的“文化自觉”与广西乡村生态旅游文化产业提升研究 [J]. 广西民族研究，2014(02): 161–165.

[105]李莺莉，王灿 . 新型城镇化下我国乡村旅游的生态化转型探讨 [J]. 农业经济问题，2015, 36(06): 29–34.

[106]程乾，方琳 . 生态位视角下长三角文化旅游创意产业竞争力评价模型构建及实证 [J]. 经济地理，2015, 35(07): 183–189.

[107]刘国皇 . 生态文明理念视域下的文化消费审视 [J]. 福建农林大学学报 (哲学社会科学版)，2012, 15(05): 76–80.

[108]陈岩，拓中 . 推进创意产业发展 倡导绿色经济增长 [J]. 经济纵横，2009(04): 35–37.

[109]李翔 . 略论北京的“绿色文化产业”[J]. 北京社会科学，2011(04): 41–44.

[110]刘德海 . 绿色发展理念的科学内涵与价值取向 [J]. 江苏社会科学，2017(03): 1–7.

[111]温茜茜 . 绿色发展视角下我国民族特色产业转型对策探究 [J]. 贵州民族研究，2017, 38(01): 181–185.

[112]詹韵秋 . 文化产业发展对中国经济发展质量的影响——基于“五大发展理念”视角 [J]. 福建农林大学学报 (哲学社会科学版)，2017, 20(06): 27–32.

[113]刘耀彬，袁华锡，王喆 . 文化产业集聚对绿色经济效率的影响——基于动态面板模型的实证分析 [J]. 资源科学，2017(04): 747–755.

[114]车树林，顾江，郭新茹 . 文化产业对区域绿色发展的影响研究——基于省际面板数据的空间计量分析 [J]. 江西社会科学，

2017(02): 38–46.

[115] 韩东林，刘兵兵 . 中国文化制造业绿色全要素生产率区域差异比较分析 [J]. 东北农业大学学报 (社会科学版)，2018, 16(03): 1–8.

[116]Grosvenor P. The Intellectuals and the Masses: Pride and Prejudice among the Literary Intelligentsia, 1880–1939 by John Carey[J]. Chesterton Review. 1992, 18(4): 566–573.

[117]贾根良 . 劳动分工、制度变迁与经济发展 [M]. 天津：南开大学出版社 , 1999.

[118]Fei J C H, Gustav R. Development of the labor surplus economy theory and policy[J]. Economic Journal. 1964, 77(306): 480–482.

[119]Kuznets S, Hohenberg P M. Economic Growth and Structure: Selected Essays[J]. Journal of Political Economy. 1966.

[120] 杨小凯，黄有光 . 专业化与经济组织 : 一种新兴古典微观经济学框架 [M]. 北京：经济科学出版社 , 1999.

[121]梁琦 . 分工、集聚与增长 [M]. 北京：商务印书馆 , 2009: 13–22.

[122] 梁琦 . 产业集聚论 [M]. 北京：商务印书馆 , 2004.

[123] Marshall A. Principles of Economics: An Introductory Volume[J]. Social Science Electronic Publishing, 1920, 67(1742): 457.

[124]Bain J S. Relation of Profit Rate to Industry Concentration: American Manufacturing, 1936–1940[J]. Quarterly Journal of Economics, 1951, 65(3): 293–324.

[125]Brozen Y. The Antitrust Task Force Deconcentration Recommendation[J]. Journal of Law & Economics, 1970, 13(2): 279–292.

[126]Brozen Y. The Persistence of “High Rates of Return” in High–Stable

Concentration Industries[J]. Journal of Law & Economics, 1971, 14(2): 501–512.

[127]Brozen Y. Deconcentration Reconsidered: Comment[J]. Journal of Law & Economics, 1971, 14(2): 489–491.

[128]Demsetz H. Industry Structure, Market Rivalry, and Public Policy[J]. Journal of Law & Economics, 1973, 16(1): 1–9.

[129]唐啸．绿色经济理论最新发展述评 [J]. 国外理论动态，2014(01): 125–132.

[130]亚当·斯密．国民财富的性质和原因的研究 [M]. 北京：商务印书馆，1972.

[131] 马歇尔．经济学原理（上卷）[M]. 朱志泰，译．北京：商务印书馆，1994: 331.

[132]肖红蓉．西方可持续性经济学研究的主要理论问题及其评价 [J]. 经济评论，2012(04): 153–160.

[133]Bergh E V D, Damme S V, Graveland J, et al. Ecological rehabilitation of the Schelde estuary (The Netherlands–Belgium; Northwest Europe): linking ecology, safety against floods, and accessibility for port development.[J]. Restoration Ecology, 2010, 13(1): 204–214.

[134]Young A A. Increasing Returns and Economic Progress[J]. Economic Journal, 1928, 38(152): 527–542.

[135]Hirschman A O, Sirkin G. Investment Criteria and Capital Intensity Once Again[J]. Quarterly Journal of Economics, 1958, 72(3): 469–471.

[136]Scitovsky T. Two Concepts of External Economies[J]. Journal of Political Economy, 1954, 62(2): 143–151.

[137] Chipman J S. External Economies of Scale and Competitive Equilibrium[J]. Quarterly Journal of Economics, 1970, 84(3): 347–385.

[138] Kuznets S. Economic Growth and Income Inequality[J]. American Economic Review, 1955, 45(1): 1–28.

[139]Yang X, Ng S. Specialization and Division of Labour: A Survey[M]. London: Palgrave Macmillan, 1998.

[140]Charnes A., Cooper W.W., Rhodes E. Measuring efficincy of decision making units[J]. European Journal of Operational Research，1978.

[141]Banker R D, Charnes A, Cooper W W. Some Models for Estimating Technical and Scale Inefficiencies in Data Envelopment Analysis[J]. Management Science, 1984, 30(9): 1078–1092.

[142]Rey S J, Montouri B D. US Regional Income Convergence: A Spatial Econometric Perspective[J]. Regional Studies, 1999, 33(2): 143–156.

[143] 顾乃华 . 城市化与服务业发展 : 基于省市制度互动视角的研究 [J]. 世界经济，2011, 34(01): 126–142.

[144] 杨继生，王少平 . 非线性动态面板模型的条件 GMM 估计 [J]. 数量经济技术经济研究 , 2008, 25(12): 149–156.

[145]林光平，龙志和，吴梅 . 我国地区经济收敛的空间计量实证分析 :1978—2002 年 [J]. 经济学 (季刊)，2005(S1): 67–82.

[146]于斌斌，金刚 . 中国城市结构调整与模式选择的空间溢出效应 [J]. 中国工业经济，2014(02): 31–44.

[147] 林光平，龙志和，吴梅 . 中国地区经济 σ – 收敛的空间计量实证分析 [J]. 数量经济技术经济研究，2006(04): 14–21.

[148]刘和东 . 区域创新内溢、外溢与空间溢出效应的实证研究 [J]. 科研

管理，2013, 34(01): 28–36.

[149]Torre A, Gilly J. On the Analytical Dimension of Proximity Dynamics[J]. Regional Studies，2000, 34(2).

[150] 张国良 . 新闻媒介与社会 [M]. 上海：上海人民出版社，2001.

[151] 蔡武 . 筑牢文化自信之基——中国文化体制改革 40 年 [M]. 广州：广东经济出版社，2017.

[152] 范周 . 文化产业论纲 [M]. 北京：社会科学文献出版社，2016.